D0610385

À Lyette Vaillancourt

Que ces quelques

SOUVENIRS

OUBLIÉS

te ramènent
ceux jours de ton enfance
où, peut être !
la musique commençait
déjà à t'intéresser
à mêtre

15 avril 2012

DÉJÀ PARU dans la même collection

CENT ONZE micronouvelles, 2007.
Laurent Berthiaume, Marie-Ginette Dagenais,
Monique Joachim, Jeannine Lalonde,
Christiane Lavoie, Thérèse Tousignant.
Éditions Le grand fleuve
ISBN 978-2-922673-17-3

SOUVENIRS OUBLIÉS

Laurent Berthiaume
Marie-Ginette Dagenais
Jeannine Lalonde
Thérèse Tousignant

ÉDITIONS LE GRAND FLEUVE
Collection Petit-livre

Catalogage avant publication de Bibliothèque et Archives nationales du Québec et Bibliothèque et Archives Canada

Vedette principale au titre :
  Souvenirs oubliés
  (Collection Petit-livre)
  ISBN 978-2-922673-19-7

  1. Écrivains québécois - 21e siècle - Biographies. 2. Écrivains québécois - 21e siècle - Anecdotes. I. Berthiaume, Laurent. II. Collection: Collection Petit-livre.

PS8081.1.S68 2011   C848'.603   C2011-942564-5
PS9081.1.S68 2011

Souvenirs oubliés a été écrit par un collectif de quatre auteurs : Laurent Berthiaume, Marie-Ginette Dagenais, Jeannine Lalonde et Thérèse Tousignant.

© Chaque auteur demeure propriétaire de ses textes.

Illustration de la maquette de couverture: Hélène Dufresne *Papillons bleus.* Fleurs pressées sur carton, 2001.

Pour toute commande et correspondance, s'adresser à:
Laurent Berthiaume (Éditions Le grand fleuve)
201-105, chemin de la Grande-Côte,
LORRAINE QC J6Z 4V8 CANADA
Téléphone: (450) 621-4399
Courriel : laurentberthiaume@videotron.ca

ISBN: 978-2-922673-19-7
Dépôt légal 2011 :
Bibliothèque et Archives nationales du Québec
Bibliothèque et Archives Canada

Il a fallu vingt-six minuscules lettres de l'alphabet pour soulager la mémoire humaine qui, sans cela, aurait succombé sous le poids de nos souvenirs, de nos rêves et de nos idées.

Dany Laferrière, dans *Éloge du lecteur*
(*Le Devoir*, 17 novembre 2010)

Préface

En accord avec leur définition, *Les Oxymorons*[1] n'ont pas peur des paradoxes. Aussi ont-ils ravivé des souvenirs... oubliés.

Ce recueil est constitué de récits aussi variés que brefs. Ils émergent de l'enfance, source inépuisable d'émotions, quand tout est première fois, ravissement ou terreur. Années de grâce où s'enracine la tendresse et où germent les rêves.

Dans un souci d'uniformité, chaque souvenir oublié a pour titre un syntagme nominal. Quant à l'ordre de présentation, il est purement aléatoire, de sorte que sujets et auteurs s'entremêlent tout au long du recueil sans aucun fil conducteur.

Chaque texte est bien celui de son signataire. Cependant, les souvenirs presque oubliés de l'un sont devenus la mémoire des trois autres... et deviendront peut-être celle de tous les lecteurs.

---

1 *Les Oxymorons* : groupe d'auteurs qui écrivent en solitaires mais choisissent de réviser leurs manuscrits en commun. Dans un style concis, ils ont publié, en 2007, *CENT ONZE micronouvelles*.

Oxymoron : figure de style qui associe deux mots de sens opposés.

Les auteurs

Laurent Berthiaume

Septième d'une famille de dix enfants, j'ai vécu mon enfance à Outremont et passé mes étés dans un chalet construit par mon père à Pointe-aux-Trembles, sur le bord du Saint-Laurent. Très jeune, j'ai été éduqué à l'entraide familiale, au travail, à l'épargne et à la débrouillardise. J'ai aussi hérité des valeurs sociales et religieuses de l'époque.

Chaque année apportait son lot d'aventures dont je ne garde aujourd'hui que des souvenirs heureux.

Marie- Ginette Dagenais

J'ai vécu une enfance paisible dans la campagne lavalloise. Entourés de parents aimants, nous étions six enfants, quatre filles et deux garçons. Mes histoires racontent des petits bonheurs au quotidien, des faits cocasses et des leçons de vie.

La romantique en moi a certainement embelli la réalité de certains événements, et pourquoi pas.

Jeannine Lalonde

Élevée par mes parents à Pointe-des-Cascades, puis orpheline de mère à l'âge de six ans, j'ai été transplantée à Ville-Émard, chez mon oncle et ma tante, des retraités sans enfants qui m'ont éduquée comme si j'avais été leur propre fille. Ma sœur, de douze ans mon aînée, volait déjà de ses propres ailes. Le bord du fleuve, où mon père a continué d'habiter, est toujours resté le lieu privilégié des grandes vacances.

À l'époque de l'école primaire, je m'appliquais donc à suivre les consignes de mes trois parents et les fantaisies de ma grande sœur, de même que les enseignements magistraux des Dames de la Congrégation de Notre-Dame.

Thérèse Tousignant

Avec papa et maman, grande sœur et petit frère, j'ai vécu jusqu'à l'âge de sept ans la vie rurale des années cinquante à Sainte-Germaine-Boulé, en Abitibi. Puis j'ai terminé mon primaire dans la jeune ville minière de Chapais. Enfin, pendant qu'une petite sœur s'ajoutait à la famille, j'ai été pensionnaire à Amos pour compléter le premier cycle du cours classique.

De ces milieux bigarrés, je garde des souvenirs qui s'enjolivent ou s'estompent au fil des ans.

* * *

* *

*

La méningite

À l'hiver de mes sept ans, j'ai fait une méningite. Je me tordais de douleur dans mon lit à en perdre conscience. Réveillé à l'hôpital Sainte-Justine, je me croyais au paradis : je n'avais plus mal. Entouré d'une trentaine de lits, j'étais aux premières loges : le va-et-vient des infirmières et des docteurs, des civières transportant les malades, des chariots pour les repas... Spectacle dont je faisais d'ailleurs partie. Une piqûre dans la fesse droite me réveillait à cinq heures du matin, je prenais des pilules toute la journée, je subissais une ponction lombaire chaque semaine, sans rien voir, couché sur le ventre. Le dimanche, la famille venait me rendre visite. Une fois, mon père m'a raconté que toute la paroisse priait pour ma guérison.

Quand j'ai quitté l'hôpital, un mois plus tard, j'étais triste de laisser toutes ces personnes qui m'avaient si bien soigné. Au point de leur promettre de revenir.

Laurent Berthiaume

Le canal Soulanges

Durant la belle saison, l'administration fédérale faisait planter des fleurs aux abords du
canal Soulanges. Avec des cailloux peints à
la chaux, les employés dessinaient des ancres
pour décorer les talus. Le dimanche, les gens
de la ville venaient voir le spectacle inédit du
va-et-vient des bateaux dans les écluses, au
centre de mon village. Les filles flirtaient avec
les marins qui lançaient les amarres; ceux-ci
répondaient par des sourires et de grands
gestes de la main.

Presque chaque été, un automobiliste plon-
geait dans le canal près du pont tournant,
faute d'avoir bien négocié la courbe de la mort.
Alors, c'étaient les hommes-grenouilles qui
attiraient les curieux.

Aucun de mes amis n'a eu comme moi la
chance inouïe de « faire des tours de pont »,
ce qui était tout à fait interdit. La domestique,
embauchée chez nous pendant la maladie de
ma mère, était amoureuse de l'opérateur. Et la
tête leur tournait encore plus que le pont.

Jeannine Lalonde

Le parc Belmont

Chaque été, nos parents nous emmenaient au parc Belmont. En traversant le pont Lachapelle vers Cartierville, nous apercevions déjà les montagnes russes. C'était la journée la plus réjouissante des vacances.

Excités, nous faisions la queue, serrés dans les files d'attente. Des manèges colorés tournoyaient de tous côtés. Nous voulions tout essayer, tout voir. La grande roue, le tapis magique, les miroirs déformants, la grosse femme à la gaieté délirante... Les autos tamponneuses avaient la cote d'amour. Au lieu d'éviter les accidents, nous les provoquions. Un accord tacite avant même de s'y installer. Nous tenions enfin le volant entre nos mains : Ôtez-vous ! Les cœurs fragiles et les poules mouillées en prenaient pour leur rhume.

J'aimais l'odeur sucrée de la barbe à papa. J'adorais mordre dans les hot-dogs stimés tout garnis. Parfois, nous décrochions un ourson au jeu d'adresse, dépensant plus que la valeur de l'objet convoité. À la brunante, nous quittions la place, exténués, dans l'espoir d'y revenir bientôt.

Marie-Ginette Dagenais

La première foi

Sur la première ligne de tout devoir scolaire, nous écrivions, bien centrées, quelques majuscules, mystérieuses pour un non-initié : A.M.D.G. ou A.J.P.M., « *Ad majorem Dei gloriam* » (Pour la plus grande gloire de Dieu) ou « À Jésus par Marie ». L'Église catholique romaine était omniprésente. Outre le catéchisme quotidien, nous récitions une prière au début de chaque demi-journée. On nous encourageait à assister à la messe tous les jours. La veille du premier vendredi du mois, Monsieur le curé faisait coïncider la distribution des bulletins, une interrogation sur nos apprentissages et la préparation à la confesse.

Je m'accommodais bien de tous ces rituels. Je trouvais extraordinaire de voir chaque minute de ma journée sanctifiée. J'étais fière d'être une croisée, « soldat du Christ à l'avant-garde », instrument de propagation de la foi.

Désillusion amère, lorsque le bel édifice de mes certitudes s'est écroulé, me laissant pantoise avec des milliers de questions sans réponses.

Thérèse Tousignant

La cachette

Jouer à la cachette était une activité que nous pratiquions après le souper.

À un endroit déterminé appelé « le but », l'un de nous « bouchait », c'est-à-dire qu'il comptait jusqu'à cent, les yeux fermés, pendant que les autres allaient se cacher. Il devait ensuite les trouver et les « cinquanter », donc toucher au but avant qu'ils n'y reviennent d'eux-mêmes.

Dans ma cachette, immanquablement une envie bien naturelle me prenait. Je ne voulais pas aller au chalet de peur que mes parents me disent qu'il était assez tard et qu'il fallait rentrer. Je faisais pipi sur place.

Le soleil baissait, la noirceur s'installait et il devenait de plus en plus difficile de dénicher les amis quand on « bouchait ». Une de mes tactiques : attendre. L'impatience et la peur de l'obscurité en amenaient plusieurs à se montrer le bout du nez.

Vers neuf heures du soir, on retournait chacun chez soi à regret.

Jeannine Lalonde

Le tipi

Dans la cour arrière de notre maison de Chapais, mon petit frère et moi avions dressé un superbe tipi. De grandes perches disposées en cercle à la base et attachées en faisceau au sommet en formaient la charpente ; des vieilles couvertures de laine grise, les murs. À l'intérieur, des tas de branches d'épinette pour s'asseoir. De l'écorce de bouleau en guise de plats. Arcs, flèches et carquois à l'avenant. Nos tomahawks : de grosses pierres ficelées à des bâtons. De véritables plumes de corneille décoraient les bandeaux à nos fronts. Nous avions aussi fabriqué des calumets de paix bourrés de cheveux de maïs à pétuner autour du feu. Nous vivions à l'amérindienne.

Pour ajouter au plaisir et à l'authenticité, nos parents nous fournissaient en hareng fumé... acheté à l'épicerie du coin.

Thérèse Tousignant

Le poêle à bois de maman

Maman adorait faire du feu. Les jours de pluie, pour chasser l'humidité de notre chalet, elle « partait une attisée », comme elle aimait le dire, qu'elle entretenait toute la journée. Elle en profitait pour préparer un gros chaudron de soupe. Son grand plaisir : disposer des pelures d'orange en bordure du poêle, pour sentir leur bonne odeur se répandre dans la maison.

Bien sûr, il lui fallait du bois. J'avais passé des semaines à transformer un tas de vieilles planches en morceaux de taille raisonnable que j'avais cordés minutieusement. Ma réserve de bois de chauffage n'a pas duré longtemps. Elle disparaissait plus vite que j'arrivais à la regarnir. Surtout que j'avais utilisé toutes les planches qui traînaient sur le terrain et que, maintenant, je devais aller à la pêche au bois d'épave.

Laurent Berthiaume

Les bateaux

Le va-et-vient des bateaux dans le canal Soulanges m'a appris qu'on pouvait venir de lointaines contrées pour voyager jusqu'aux Grands Lacs et vice versa. Tous les navires arboraient à leur poupe le drapeau d'un pays que je pouvais identifier dans les pages colorées du dictionnaire Larousse. Les cargaisons, bien visibles à l'époque, variaient de la pitoune au pétrole, en passant par la ferraille et les autos rutilantes.

Les bateaux utilisaient leur sirène pour annoncer leur entrée ou leur sortie des écluses ou pour saluer quelqu'un. Celle du *Trans River* retentissait pour ma sœur parce que le capitaine la courtisait. Il arrivait bientôt lui-même, tout sourire, képi blanc, galons et boutons dorés, en congé pour quelques heures. Il repartait en taxi, pressé de rattraper son vaisseau au moment où il franchirait la dernière écluse en aval du lac Saint-François.

Très jeune, j'ai compris que des voies bien tracées peuvent mener aux grandes eaux. Et que les bateaux ont la faculté de se lamenter d'amour.

Jeannine Lalonde

La soupe aux carottes

Après avoir passé toute la journée du lundi à laver du linge, épuisée, maman nous disait : « Je vous ai préparé une grosse soupe aux carottes. Pour le reste, vous vous débrouillerez tout seuls. » Et elle montait se coucher.

L'énorme chaudron sur le poêle invitait chacun à se servir à son gré. Souvent nous prenions une première bolée de bouillon et de riz. Au deuxième tour, nous allions à la pêche aux carottes. Encore entières, nous avions de la difficulté à les attraper avec la louche. Écrasées dans du beurre, c'était un vrai régal.

Pour dessert, du pain blanc trempé dans la mélasse... jusqu'à satiété.

Laurent Berthiaume

L'emprunt aux voisins

Il était courant d'emprunter chez le voisin, une habitude dont plusieurs abusaient. Souvent par imprévoyance. Les dépanneurs existaient peu et les horaires des épiceries étaient limités.

La plupart du temps, on confiait la mission aux enfants. Arrivant à l'improviste, ces derniers dérangeaient et recevaient des commentaires désobligeants. Pas étonnant que chacun veuille se dérober à la corvée. D'autre part, certains écornifleurs trouvaient là une façon détournée d'aller aux nouvelles ou de tromper l'ennui en fin d'après-midi.

La majorité des « débiteurs » remettaient leur dû avec diligence, certains lambinaient, d'autres l'oubliaient complètement. Combien de dettes non réglées se sont soldées par une brouille entre voisins ! Grâce à ma mère, j'ai appris très tôt qu'une réputation peut se jouer sur une tasse de sucre.

Marie-Ginette Dagenais

L'arrivée en ville

Dans ma campagne pas si éloignée, je croyais que seuls les ouaouarons chahutaient dans l'obscurité.

Arrivée à Montréal, j'ai réalisé que la ville recelait plein de secrets, de bruits terrifiants. Des clingclang inouïs me parvenaient en pleine nuit et me terrorisaient. Des sonneries, irrégulières et soudaines, donnaient parfois le signal d'un étrange ballet. De la fenêtre de ma chambre, je voyais des hommes glisser à tour de rôle, agrippés comme des singes, le long d'un poteau métallique. Puis, des camions démarraient en trombe dans un bruit de sirènes infernal.

Une simple ruelle séparait notre maison de la caserne de pompiers.

Jeannine Lalonde

Les cerises sauvages

L'été, à Pointe-aux-Trembles, nous allions aux cerises sauvages. Munis de sacs en papier, nous longions la rue Notre-Dame jusqu'à un terrain vague bordé d'une haie de cerisiers. Les petits fruits rouges ou noirs pendaient en grappes au bout des branches. En moins d'une heure, nous remplissions nos sacs et revenions chez nous tout en les dégustant. Amers et râpeux sur la langue, nous les trouvions pourtant délicieux.

À la maison, nous rajoutions du sel pour en rehausser le goût. Assis sur le quai avec nos bols de cerises, notre plus grand plaisir était de souffler les noyaux par le creux de la langue le plus loin possible dans l'eau. Ceux-ci s'immobilisaient sur les bancs de mousse ou dans la vase, en attente d'un nouveau record de distance. Un autre jeu consistait à atteindre une cible déterminée.

La langue épaissie par le tanin, nous passions le reste de la journée à nous rincer la bouche.

Laurent Berthiaume

La grosse malle

Nos parents possédaient chacun une grosse malle qui datait de leurs années de pensionnat. Celle de notre mère, recouverte de cuir brun, au dos rond comme un coffre de pirate, recelait des trésors fascinants. Dans le plateau supérieur se trouvaient certificats et bulletins d'école, médailles de mérite, liasses de lettres enrubannées. Aussi, des bouquets de corsage aux boutons de roses séchés et des gants de dentelle. Au-dessous : corsets baleinés rose pêche, robes élégantes aux couleurs éteintes, cols de renard, chapeaux à plumes et à voilettes... Enfin, enveloppé dans du papier de soie bleu, l'ensemble de baptême en satin finement brodé que nous avions porté à tour de rôle.

Quel plaisir d'inventorier, avec maman, les reliques de sa jeunesse !

Thérèse Tousignant

Le vendredi 11 h 30

Pendant mes années d'école primaire, à partir de onze heures trente le vendredi, c'était le paradis.

À la maison, on mangeait maigre ce jour-là. Au menu du midi, d'une semaine à l'autre : galettes de sarrasin à la mélasse, macaroni au fromage et aux tomates ou *fish and chips*. J'allais chercher le poisson au kiosque du coin pendant que mon oncle préparait des frites maison pour l'accompagner. Un régal ! La pénitence du vendredi ? Connais pas.

Au programme de l'après-midi à l'école : arts plastiques et composition française. Un autre délice !

Jeannine Lalonde

Le courant

Les jours de canicule, le fleuve nous appelait. La section du Saint-Laurent située entre les lacs Saint-Louis et Saint-François, surnommée Cataracoui, recelait des dangers extrêmes. Le courant gonflé de rapides énormes descendait là à une vitesse folle et avec une force inouïe. Des remous sournois dansaient la sarabande et ne pardonnaient guère les écarts des étourdis.

Personne au village n'exerçait de surveillance pour la baignade. Nos parents nous laissaient y aller seuls, après quelques recommandations. Plusieurs jeunes vacanciers s'y sont noyés, et pas des moins habiles. J'ai perdu des amis, sans doute téméraires, et forts de leur invincibilité adolescente.

Des courants des rivières, je me suis toujours méfiée. Et je reste critique envers les courants d'idées.

Jeannine Lalonde

Le bas de Mary-Ann

Comme nous étions intrigués, ma grande sœur, mon petit frère et moi, par ce bas de Noël au nom de Mary-Ann! Maman aurait-elle invité une parente éloignée ou une amie de Toronto? Au retour de la messe de minuit, nous n'étions que tous les cinq. Alors, pour qui ce bas? Les réponses de nos parents demeuraient évasives.

Puis papa a déposé à mes pieds une immense boîte enrubannée. Fébrilement, j'ai défait l'emballage. Quelle merveille! Mary-Ann — nom donné dans le catalogue Eaton — était la plus magnifique poupée qui puisse exister. De la taille d'une enfant de deux ans, elle avait une chevelure abondante d'un brun roux, coiffée en longs boudins. Ses yeux bleu de mer se fermaient quand on la couchait, ses joues étaient roses, ses lèvres parfaitement dessinées. Je revois encore sa robe verte et blanche, ses souliers de velours... Dans le bas pour Mary-Ann, une brosse pour ses cheveux, quelques vêtements, des accessoires.

J'ai passé le reste de la nuit à répéter : « Qu'elle est belle! »

Thérèse Tousignant

Le feu de paille

À part le potager, le grand terrain du chalet était laissé à l'état sauvage tout l'été. L'herbe y poussait follement jusqu'au mois d'août ; papa aiguisait alors sa grande faux et la coupait au ras du sol. Elle séchait rapidement au soleil et après deux jours, armés de fourches et de râteaux, nous la ramassions dans un gros tas. Une véritable montagne à nos yeux d'enfants.

En soirée, alors que le soleil disparaissait à l'horizon, nous assistions, tout autour, au plus beau feu de paille de notre vie. Les flammes, en gerbes d'étincelles, s'élevaient très haut dans le ciel noir. La chaleur qui se dégageait nous tenait à distance. Vite consumé, le foin se retrouvait à l'état de braises rougeoyantes.

Le lendemain matin, la cendre chaude laissait échapper un mince filet de fumée blanche lorsque nous l'agitions avec une branche. Une fois refroidie, nous la mettions dans une brouette et la jetions au pied des arbres comme engrais. Après une bonne pluie, de la terre brûlée surgissaient bientôt de jeunes pousses de chardon.

Laurent Berthiaume

Le grand voilier

Mon frère Alain, bricoleur et ingénieux, avait fait un trou dans un banc de notre chaloupe pour y installer un mat. Un jour de vent d'est, nous avons hissé une voile de fortune et avons remonté le courant sans effort, très loin en direction du port de Montréal. Après avoir pris possession d'une petite île sauvage au milieu des flots, histoire de nous dégourdir les jambes, nous avons décidé de revenir. À contre-vent et à contre-vague, et sans quille pour louvoyer, notre voile était devenue inutile. Il nous a fallu ramer ferme pour rentrer à la maison. Refaire le trajet en sens inverse, en longeant la rive pour éviter les grosses vagues, nous a pris tout l'après-midi.

Épuisés et heureux, nous avons rangé la voile... définitivement.

Laurent Berthiaume

Le jeu du drapeau

Au jeu du drapeau, il fallait s'emparer d'un étendard, manche à balai ou bâton, sans se faire « tuer » par l'armée ennemie. Entrer dans la zone des adversaires pour arracher l'objet convoité n'était pas facile, même si un joueur désigné comme « allumeur » avait pour mission de protéger ses coéquipiers.

Avec mes amis, nous regardions les autres enfants du haut de notre virtuosité : nous jouions au drapeau en patins à roulettes. Des patins attachés aux souliers, ajustés à l'aide de clefs métalliques. Chutes assurées. Chaussures égratignées et pantalons troués... garantis !

Jeannine Lalonde

Le radeau

Sans être pauvres, nous n'étions pas riches. Et papa n'aimait pas dépenser pour le luxe. Pendant les grandes vacances, même s'il nous emmenait très souvent au lac Presqu'île, jamais il n'aurait envisagé l'achat d'un bateau de plaisance ou d'un pédalo.

Cet été-là, son ingéniosité s'était révélée dans toute sa splendeur. Avec de bons filins, il avait arrimé une tripe — une chambre à air récupérée d'un vieux pneu — au centre d'un cadre rectangulaire fait d'épais madriers. Il avait fixé des tolets sur les côtés et, aux extrémités, des barils vides pour équilibrer la flottaison. Pour faire un tour, nous devions d'abord nous avancer dans l'eau jusqu'à la taille en poussant le « radeau ». Puis, après quelques contorsions, nous installer dans la chambre à air, le postérieur bien au frais. Nous attrapions les rames et... partions à l'aventure !

Thérèse Tousignant

Les scouts

Comme mes grands frères, j'ai voulu être scout. Après deux tentatives, j'ai abandonné. Aux jeux de signes de piste, je m'essoufflais beaucoup et je ne pouvais pas suivre mon équipe. J'ai quand même participé à deux camps d'été. Dans l'un d'eux, j'ai failli gagner la course à pied aux olympiades. Chaussé d'espadrilles aux semelles très souples, je bondissais comme un chevreuil. En grande forme ce jour-là, j'avais pris la tête du peloton dès le départ et j'ai maintenu mon allure jusqu'au bout du chemin où nous attendait le chef de troupe. Croyant avoir gagné, je me suis arrêté alors qu'il n'était là que pour nous encourager à poursuivre. J'ai repris mon élan mais, à bout de souffle, j'ai dû ralentir et suis arrivé bon dernier.

Pour grimper à la corde ou dans les arbres, j'étais champion, mais cela ne faisait pas partie des épreuves.

Laurent Berthiaume

Le premier abandon

Ce matin-là, c'était à mon tour. L'année précédente, ayant vécu la même expérience, mon frère avait eu droit à un traitement de faveur. Je l'avais beaucoup envié.

Dans une chambrette, allongée sous un drap blanc, j'attendais. Mes parents discutaient à voix basse avec un homme à l'air grave. Deux inconnus m'amenèrent dans un long couloir. Je ne comprenais pas pourquoi ni mon père ni ma mère ne m'accompagnaient. Je me sentais abandonnée. Deux portes se refermèrent derrière moi, puis on me glissa sur une civière glacée. Des bruits de métal résonnaient à mes oreilles et des visages masqués se penchaient sur moi. Éblouie par une lumière crue, j'entrevis des mains qui m'appliquèrent un appareil sur le nez. Une forte odeur me leva le cœur. Je me débattis faiblement et perdis conscience.

Je me réveillai à la maison, dans la chambre d'amis, une douleur brûlante à la gorge. À mes côtés, une poupée de chiffon: mon cadeau d'ablation des amygdales.

Marie-Ginette Dagenais

Le patronyme embarrassant

Chaque génération, chaque famille, connaît ses euphémismes et ses tabous.

Quand j'étais petite, on disait volontiers aveugle, sourd, vieux ou infirme, mots aujourd'hui remplacés par non-voyant, malentendant, aîné ou handicapé.

Dans ma famille, les interdits étaient d'un autre ordre : jamais on n'aurait osé prononcer les mots seins, cul ou fesses. On disait le buste, le derrière et les pains chauds. En épelant, on égrenait des « que » pour la lettre Q, et on évitait tout terme relatif à la sexualité, aux « mystères de la vie ». Avec le temps, même les ersatz s'avéraient gênants.

Un jour, on frappe à la porte. J'ai six ans. Je vais ouvrir et un monsieur qui me semble pourtant bien élevé se présente : « Va dire à ta mère que monsieur Painchaud est là. » Toute rougissante, je file à la cuisine et je me demande comment annoncer le visiteur...

Thérèse Tousignant

Les gommes à effacer

Nous avons appris à former les lettres majuscules et minuscules de l'écriture cursive en les copiant et recopiant au crayon de plomb. Le papier brouillon des cahiers d'exercice résistait mal à la pression de la mine aiguisée ou de la gomme à effacer rouge. Qu'il était difficile de produire toute une page propre! Encore plus, à partir de la quatrième année, quand nous devions manipuler porte-plume et bouteilles d'encre, et effacer tant bien que mal nos erreurs avec la partie bleue de notre gomme deux couleurs. Mission pratiquement impossible. La page se déchirait et notre devoir était qualifié de « torchon ».

Pendant ce temps, à la première phalange de notre majeur, une bosse d'écrivain se développait, presque toujours tachée d'encre!

Thérèse Tousignant

La chaloupe

J'ai appris à ramer tellement jeune que je ne me souviens pas à quel âge. Je maniais les rames comme un marin. Tourne, avance, recule, prends les grosses vagues de travers. Avec mes petits frères, nous avions un plaisir fou...

Et nous ne savions pas encore nager.

Laurent Berthiaume

La petite Boulette

Alitée à cause d'une grave maladie, confinée au deuxième étage de la maison familiale, je passais mes journées à lire ou à fabriquer des fleurs en papier crêpé. Et je trouvais le temps long.

Un jour, une voisine m'a offert le plus mignon cadeau qu'on puisse recevoir : une jeune chatte à la fourrure tachetée de noir, de doré et de blanc. Si douce à caresser, à coller sur sa joue, à garder près de soi pour s'endormir...

J'avais, caché sous mon oreiller, un grelot attaché à une ficelle. Il me suffisait de l'agiter pour que ma petite Boulette grimpe l'escalier à toute vitesse et saute dans mon lit ! J'en ronronnais de plaisir.

Thérèse Tousignant

La quarantaine

Les sœurs des Saints-Noms-de-Jésus-et-de-Marie avaient une sainte horreur de la rougeole. Si un élève contractait la vilaine maladie, tous ses frères et sœurs tombaient en quarantaine jusqu'à ce qu'un papier du médecin autorise leur retour à l'école. Aussi, quand je l'ai attrapée, maman a exigé le secret total de toute la famille. Moi seul suis resté cloîtré dans ma chambre. Muets sur le sujet, mes frères et sœurs poursuivaient leurs études. Il ne fallait pas alerter les religieuses qui ne connaissaient pas grand-chose à la microbiologie. Les avoir écoutées, notre famille de dix enfants aurait été confinée à la maison à l'année longue, compte tenu de toutes les maladies infantiles qui circulaient à l'époque. Ma mère prenait les précautions nécessaires et laissait le temps faire son œuvre. Et moi, obligé de tourner en rond dans une pièce minuscule, je trouvais les journées interminables.

Un matin, j'ai mis la main sur une auto miniature d'un de mes frères, laquelle a aussitôt été mise en quarantaine par maman. Elle en connaissait beaucoup sur les maladies infectieuses, mais de là à décontaminer un jouet...

Laurent Berthiaume

Le bain

Ma mère me donnait le bain dans l'évier de cuisine. Je devais être très jeune et très menue. La grande baignoire n'avait peut-être pas encore été installée dans la salle de bains.

Une fois, je me rappelle que j'allais porter une robe soleil rayée, confectionnée à même d'anciennes écharpes de soie de mes oncles. Le boulanger est arrivé sur les entrefaites. Et j'ai eu une peur bleue qu'il me voie toute nue.

Jeannine Lalonde

La traîne sauvage

Nous possédions une longue traîne sauvage avec laquelle nous allions glisser, mes deux petits frères et moi, sur les pentes du mont Royal, en face de l'avenue du Parc.

Un samedi matin, la première côte — celle que tout le monde empruntait — nous paraissant ennuyeuse, j'ai proposé de partir de plus haut. Il suffisait de se faufiler entre les arbres et de faire attention. Convaincus d'avoir bien évalué notre descente, nous avons filé en droite ligne entre deux gros érables... et dévié sur celui de gauche. Sous l'impact, la traîne s'est brisée en deux et mon plus jeune frère, assis à l'avant, s'est cogné le front contre l'arbre. Une prune de plus à sa collection.

Penauds, nous sommes rentrés à la maison, l'un transportant la partie recourbée de la traîne, et les deux autres la partie droite. Nous espérions, sans trop y croire, que papa puisse la réparer.

Pendant des années, les deux morceaux sont restés tout au fond du garage.

Laurent Berthiaume

La dactylo

Très jeune, je fus impressionnée par cette machine qui écrivait en caractères réguliers les mots logés dans ma tête. On glissait une feuille blanche sous un cylindre en prenant soin de bien la centrer. Avec beaucoup de concentration et le bon doigté, on tapait d'un geste volontaire les lettres inscrites sur les touches. Un ruban rouge et noir servait à encrer les caractères embossés à l'extrémité des tiges de métal. Les lettres apparaissaient à mesure sur le papier, comme par magie. Au bout de la ligne, on actionnait un levier pour passer à la suivante. J'entends encore le martèlement saccadé de la dactylo. Si on se trompait, on effaçait la faute à l'aide d'un collant blanc, et si la correction devenait trop évidente, on recommençait du début. Combien de feuilles sont allées à la poubelle ! Grâce à cet engin, j'ai exercé ma patience.

Qui aurait prédit que l'usage du clavier, alors réservé aux secrétaires et aux écrivains, deviendrait universel ?

Marie Ginette Dagenais

L'art ménager

Mes sœurs suivaient des cours d'art ménager à l'école. Chaque semaine, elles expérimentaient de nouvelles recettes. Les religieuses enseignantes leur donnaient les fruits de leur travail, sachant que nous étions nombreux autour de la table. Nous participions, en quelque sorte, à leurs essais, puisqu'il nous fallait goûter à tout ce qu'elles avaient préparé. Fières de leurs découvertes culinaires, mes sœurs appréciaient les partager avec nous. Je ne me souviens d'aucun des plats testés, sauf qu'ils étaient très raffinés et nous laissaient sur notre faim.

La cuisine de ma mère était mieux adaptée à notre grande famille, et la quantité n'enlevait rien à la qualité.

Laurent Berthiaume

Le défilé de la Saint-Jean-Baptiste

Professeur de chimie à l'École Technique sur la rue Sherbrooke, mon père nous y amenait tous les ans, le 24 juin, pour assister à la « parade » de la Saint-Jean-Baptiste. Nous disposions d'une salle de cours au troisième étage pour nous tout seuls. La foule se pressait sur la rue pour installer ses chaises et occuper les meilleures places, alors que nous nous retrouvions bien au frais aux premières loges.

En attendant les premiers chars allégoriques, papa nous faisait visiter son laboratoire. Une forte odeur de chlore imprégnait la pièce, fermée pour l'été. Béchers et erlenmeyers bien rangés à côté des produits chimiques ne nous empêchaient pas d'imaginer l'effervescence de la classe pendant les expériences de chimie.

La première fanfare nous ramenait vite à nos fenêtres d'où nous attendions, char après char, celui où trônait le petit Saint-Jean-Baptiste. Un enfant aux cheveux blonds et frisés, à la frimousse semblable à la mienne. Mais moi, je ne l'enviais pas, parfaitement heureux au milieu de ma famille.

Laurent Berthiaume

La chasse aux grenouilles

À la campagne, les garçons aimaient sectionner les couleuvres, pour les voir se rabouter, disaient-ils. Ou encore attraper les grenouilles pour les assommer.

Une fois, mon ami Robert m'a invitée à la chasse aux grenouilles dans les fossés derrière l'église. J'en étais très fière. Je n'ai pas eu le temps d'apercevoir un seul batracien. Au premier fossé, il m'a encouragée à sauter comme lui. J'avais les jambes trop courtes, je suis tombée dans l'eau stagnante. Ma robe s'est retrouvée enduite de vase jusqu'à la taille. Ma robe bleue aux imprimés de chatons blancs, ma préférée. Mortifiée, je suis rentrée à la maison en pleurant. Maman m'a lancé d'un ton malicieux : « La plus grosse grenouille dans le fossé, ce matin, c'était toi. »

Jeannine Lalonde

Les transparents

Pendant des années, l'idéal calligraphique se traduisait par une écriture régulière orientée vers la droite. Pour y parvenir, sous une feuille de notre tablette à l'encre, nous glissions un transparent, sorte de gabarit réglé à l'oblique. Gare aux fantaisies ! Et malheur aux gauchers ! L'emploi de la main droite : un absolu.

Je vouais une secrète admiration à ma tante Yvette, dont le mari était un homme d'affaires prospère de Toronto. Je reconnaissais toujours ses missives à l'encre verte. Elle utilisait une règle pour écrire parfaitement à l'horizontale. Mais son écriture penchait résolument vers la gauche. Quelle audace ! À mon avis, c'était sa façon d'exprimer sa révolte contre la société et ses carcans.

Thérèse Tousignant

La barre

Vers l'âge de quinze ans, Jean-Pierre, le jeune aveugle du village de Pointe-des-Cascades, avait reçu en cadeau un vélo tandem tout garni. Moi, j'avais une dizaine d'années et c'était la première fois que je voyais une bicyclette aussi longue.

Quand il m'a invitée à piloter le bolide, j'ai dû me donner un bon élan, un pied sur une marche de galerie : mes jambes étaient trop courtes pour toucher par terre. Lui, derrière, pédalait comme un fou en jacassant, trop heureux de humer le vent et d'avoir de la compagnie. Son seul but, sa fierté, était d'augmenter le kilométrage à l'odomètre en parcourant tout le comté.

Quand venait le temps de rebrousser chemin pour revenir à la maison, je priais Jean-Pierre de ralentir, je l'enjoignais de pédaler moins vite, finalement je l'engueulais comme du poisson pourri. Il ne m'écoutait pas. Le chemin de campagne, bordé de fossés, était à peine assez large pour y faire tourner sa limousine de bécane. Jean-Pierre n'a jamais compris ma peur de « la barre de bicycle », trop haute pour moi.

Jeannine Lalonde

La dent cariée

Enfants, nous étions très forts sur le sucre et un peu moins sur la brosse à dents. Ce qui nous amenait souvent chez le dentiste. Après nous avoir infligé une piqûre dans la gencive avec une grande aiguille, il arrachait la dent cariée plutôt que de la plomber. Ça coûtait moins cher. Il faut dire aussi que son énorme fraise dans nos petites bouches nous faisait horriblement peur. Nous repartions soulagés, avec la dent qui nous avait tant fait souffrir enveloppée dans de la gaze et, pour avoir été sages, une figurine de plâtre en prime. Nous en avions toute une collection à la maison. Mais ça ne remplaçait pas les dents manquantes.

Heureusement, maman a fini par changer de dentiste et cela a limité les dégâts.

Laurent Berthiaume

La corde à danser

En commençant l'école, il fallait apprendre des jeux nouveaux et, si possible, s'y distinguer. On se faisait plus facilement des amis.

Sauter à la corde : prendre son rang à la queue leu leu, « entrer » au milieu de la longue corde à danser que deux fillettes faisaient tourner, sauter deux fois et sortir, tout cela sans toucher la corde sous peine de « mort ». En public, c'était un jeu exclusivement féminin.

Il était plus important d'être première à la corde à danser qu'au petit catéchisme.

Jeannine Lalonde

Les retailles d'hostie

La communion était le moment magique de la messe. L'hostie fondait sur la langue et le Petit Jésus apparaissait dans notre cœur. À jeun depuis la veille, notre estomac gargouillait de plaisir. À six ans, je savais déjà me recueillir.

Obtenir un sac de retailles des religieuses en échange de quelques sous était un autre événement auréolé de mystère. Même si on nous assurait que Jésus n'était pas dedans, nous manifestions un grand respect pour ce pain si délicat. Nous nous en servions pour jouer à la messe sur un autel de notre fabrication, avec des chandelles et un missel rouge sur tranche. Du jus de raisin dans une coupe, quelques rognures d'hosties dans une assiette, et la cérémonie se déroulait pieusement.

Les retailles d'hosties ne duraient pas long-temps. Une fois le sac entamé, bien installés sur le perron, nous le vidions joyeusement. Savourer le pain sans levain, le croquer sans être à jeun, avec la bénédiction de la sœur par surcroît... Quelles délices !

Laurent Berthiaume

La fée du logis

Avant la montée du féminisme, une des qualités essentielles de la femme au foyer, c'était la propreté. « Mieux vaut une petite maison propre qu'un château mal entretenu ! » disait ma mère.

Très tôt le matin, maman vaquait à ses tâches ménagères. Le lundi, c'était le lavage, mardi, le repassage, mercredi, le raccommodage. Le jeudi, elle cuisinait des pâtés, tartes et gâteaux pour sa trâlée. Et le vendredi, c'était la corvée du ménage ; elle lavait les planchers à genoux et y appliquait de la cire. Au retour de l'école, pour leur redonner du lustre, on les polissait en patinant à pieds de bas. Les rires fusaient de partout dans la maison.

Pour se récompenser, maman allait au salon de coiffure le samedi matin. Par la fenêtre, nous guettions fébrilement son retour, dans l'attente des gâteries promises. Mes préférées : les lunes de miel.

Marie-Ginette Dagenais

La cuisine d'été

La cuisine d'été, une annexe à la maison, ne servait qu'en cette saison. Une porte moustiquaire munie d'un ressort à boudin claquait derrière nous, annonçant nos allées et venues.

Le matin, nous y déjeunions au gazouillis des oiseaux. Certains après-midis, on y entendait striduler la cigale invisible. Maman utilisait cette pièce pour préparer ses confitures et ses conserves. Lorsqu'une odeur de sucre à la crème embaumait les lieux, nous délaissions nos activités pour venir racler le fond de la casserole et nous régaler.

C'est là aussi que nous passions nos soirées, regroupés autour des jeux de société. Discussions et rires s'entendaient jusqu'au fond du jardin. C'était le comble du bonheur.

Marie-Ginette Dagenais

Les haricots

La famille était grande et, à la campagne, notre potager à l'avenant. En pleine saison, tomates, concombres et haricots constituaient notre ordinaire. En quête de sous, il nous arrivait parfois de vider le carré de petites fèves. Tirant une voiturette remplie d'une douzaine de paniers, nous faisions le tour du voisinage à la recherche de clients. À vingt-cinq sous le panier, c'était une aubaine et l'inventaire diminuait rapidement. Il y avait toujours une ménagère pointilleuse, cependant, pour critiquer notre marchandise. Certains haricots trop mûrs s'avéraient effectivement fibreux.

C'était à prendre ou à laisser. En bons commerçants, nous maintenions notre prix.

Laurent Berthiaume

La pêche aux épaves

Pour imiter nos grands frères, mes deux jeunes frères et moi partions à la pêche aux épaves flottantes. Dans la grande verchère, nous remontions le Saint-Laurent en bordure des roseaux, à l'affût de bouts de bois récupérables. Nous en ramassions de toutes tailles et de toutes formes, souvent recouverts d'algues et tachés de goudron. Lorsque la chaloupe était pleine à ras bord, nous reprenions le chemin du quai, de peine et de misère. Restait le déchargement et la mise au séchage de nos trésors. Papa utilisait parfois certaines pièces pour des travaux de menuiserie. D'autres morceaux, plus nombreux, étaient débités en bois de chauffage avec lequel maman alimentait le poêle pour faire la cuisine et pour réchauffer le chalet, les jours de pluie.

Laurent Berthiaume

La croisade eucharistique

Pendant mes années d'école primaire, toutes les fillettes faisaient partie de la croisade eucharistique. Selon notre âge, nous étions croisillons, croisées, apôtres ou cadettes du Sacré-Coeur. On soulignait les promotions à coups de cérémonies à l'église.

À nos réunions hebdomadaires, nous partagions prières, bonnes résolutions et sacrifices à s'imposer. Lors des grandes fêtes religieuses, nous revêtions bérets blancs et collerettes ornées de croix aux couleurs de notre grade. L'assemblée entière entonnait : « En avant, marchons, soldats du Christ à l'avant-garde ! En avant, bataillons ! »

Ces années de « service militaire » nous ont certainement inculqué des valeurs communautaires. Peut-être avons-nous aussi expérimenté les vertus théologales : foi, espérance et charité.

Qu'en est-il aujourd'hui ?

Jeannine Lalonde

Le vin maison

Chimiste de formation, papa possédait aussi de bonnes notions de microbiologie. Il faisait son vin tous les ans et m'en a appris la recette.

Renfler un baril à l'eau courante pour le rendre étanche, le désinfecter au soufre, écraser le raisin, ajouter du sucre pour obtenir le bon pourcentage d'alcool, et parfois de la levure pour amorcer la vinification. Ensuite, il fallait briser la croûte qui se formait à la surface tous les matins jusqu'à ce que le moût tombe de lui-même au fond du baril. Nous passions alors à la deuxième fermentation, à l'abri de l'air, pour permettre au gaz carbonique de s'échapper et au vin de se clarifier. Restait l'embouteillage, la pose des bouchons, l'étiquetage.

Certaines cuvées se sont avérées un pur nectar. Une année, par contre, j'ai raté mon coup. J'ai été le seul à en boire, et j'en ai bu très longtemps...

Laurent Berthiaume

La tête frisée

Boule frisée, j'étais difficile à peigner. Comme le coiffeur ne consentait pas de rabais familiaux, il nous voyait rarement. Et à trente-cinq cents la tête, il n'était pas question de laisser de pourboire. Mon père veillait à la dépense. Reste qu'à l'école, je ne ressemblais pas beaucoup à mes camarades, aux cheveux courts et lisses. Pour m'étriver, certains me surnommaient « Madame Berthiaume ». J'aurais voulu les étriper, mais je ne faisais pas le poids. Heureusement, comme de tous les jeux, on s'en lassait, ou alors la fin de la récréation venait rétablir l'ordre.

Par ailleurs, j'ai toujours eu des amis qui ne se souciaient pas de mon apparence. Avec un copain, en particulier, je faisais équipe au jeu de mississipi. Installés à chaque extrémité de la table, nous étions indélogeables, éliminant tous ceux qui tentaient de nous battre, jusqu'aux plus grands de douzième année.

Laurent Berthiaume

La messe dominicale

L'été, nous assistions à la messe dominicale dans différentes paroisses. Pour moi, le même scénario se répétait d'un dimanche à l'autre.

À heures fixes, les bourdons s'emballaient joyeusement dans les clochers. On entrait dans l'église par une lourde porte et tout le monde se signait à l'eau bénite. À l'arrière, on apercevait des confessionnaux dans la pénombre. Sur les murs latéraux, un chemin de croix. La lueur vacillante des bougies ajoutait au mystère. On avançait en silence dans l'allée principale, à la recherche d'un banc vacant. La lumière pénétrait à travers des vitraux colorés. Une chaire ouvragée dominait la nef. Certains fidèles murmuraient en égrenant leur chapelet. L'orgue résonnait, la chorale entonnait des cantiques religieux. De l'*introït* à l'*ite missa est*, il fallait se tenir debout, s'asseoir, s'agenouiller, se relever.

Je feuilletais les pages enluminées de mon missel doré sur tranche. Les fervents élevaient leur âme. Moi, je levais plutôt les yeux sur l'horloge : un bon dîner nous attendait à la maison.

Marie-Ginette Dagenais

Les caprices

À mon école, il y avait distribution de lait dans les classes tous les avant-midis. Pour plusieurs enfants de familles nombreuses, le demiard était gratuit. Pour les autres, il coûtait six cents. J'ai bien essayé d'en boire, mais je ne l'aimais pas, il arrivait tiède sur mon pupitre. Je préférais mon lait très froid... dans une tasse, c'était un de mes caprices. Mon oncle les connaissait tous et s'en accommodait en souriant.

Il faut dire qu'il me gâtait. Le matin, il me réveillait pour l'école, nettoyait mes lunettes, cirait mes souliers et préparait mes vêtements. Au petit déjeuner, il me servait des rôties bien chaudes ou du gruau et une orange découpée en quartiers. Parfois, il glissait un dix sous dans ma poche pour acheter des pastilles contre la toux ou une sucrerie. Je n'ai jamais été aussi choyée que pendant mes années d'école primaire. Ma tante et mon oncle, retraités sans enfants, m'avaient accueillie chez eux à la mort de ma mère, comme une petite-fille aussi inattendue qu'improbable. J'étais leur rayon de soleil.

Jeannine Lalonde

L'Oratoire Saint-Joseph

Pendant tout un hiver, le samedi matin, notre père nous emmenait, mes petits frères et moi, à l'Oratoire Saint-Joseph. Une promesse? Une neuvaine? Levé très tôt, papa nous préparait un lunch. Puis, bien emmitouflés, nous prenions le tramway au coin de la rue. Au pied de l'Oratoire, il montait l'escalier à genoux et nous l'imitions pour quelques marches. Puis, nous grimpions en courant et l'attendions en haut. La messe dans la crypte terminée, nous nous égayions un peu: le cercueil du frère André entouré de mille lampions et béquilles, son cœur dans la formaline, le musée, les quatre escaliers mobiles qui menaient à une nef immense, au sommet. Notre visite se terminait par un pique-nique à la cafétéria. Au retour, il nous arrivait de prendre le tramway dans la mauvaise direction. Pour le plaisir d'aller au terminus Snowdon et d'en revenir pour le même prix. Heureux d'avoir de la compagnie, le conducteur fermait les yeux.

Papa a-t-il été exaucé? Je l'espère.

Laurent Berthiaume

Les eaux noires

Tout petit, j'avais une peur morbide des trous d'eau. Je me tenais éloigné des flaques noirâtres qui se formaient, sous la pluie, dans la rue ou sur les sentiers des parcs. Sous la nappe liquide, j'imaginais une caverne insondable, où un monde malicieux cherchait à me happer. Même si je savais déjà nager, je préférais contourner ces mares mystérieuses. Les ciels gris et nuageux qui s'y miraient n'avaient rien pour me rassurer.

Je ne me souviens pas à quel âge j'ai surmonté ma phobie. Mais combien de trajets ai-je dû allonger, les jours de mauvais temps, pour arriver à bon port sans mettre mes pieds dans l'eau!

Laurent Berthiaume

L'Histoire sainte

Aussitôt que j'apercevais maman en train de se reposer dans sa berceuse, je m'installais à cheval sur ses genoux et lui réclamais une histoire. Elle me racontait un souvenir de sa propre enfance, me lisait un des Contes de ma mère l'Oye ou m'expliquait une page de l'Histoire sainte.

J'aimais feuilleter ce grand livre rempli de chroniques spectaculaires et d'illustrations hallucinantes. Le serpent maléfique du Paradis terrestre, la ménagerie de l'arche de Noé, le gratte-ciel de la Tour de Babel, la statue de sel de la femme de Loth, autant de récits fabuleux, parfois insoutenables. Les images du démon, noir, laid, cornu, m'horrifiaient. À l'aide de sa fourche, le Malin tourmentait les damnés qui rôtissaient en enfer pour toujours.

Un peu plus tard, j'ai appris que la contrition parfaite nous faisait regretter d'avoir offensé Dieu, infiniment bon, infiniment aimable. Mais se repentir de ses péchés par crainte du feu éternel devenait un acte de contrition imparfaite. Ce que j'ai fait souvent.

Jeannine Lalonde

La voiture à la casse

Une année, mon père a changé de voiture mais a décidé de garder l'ancienne. Hissée sur quatre blocs de bois, la vieille Dodge 1941 trônait dans la cour du chalet et servait de remise à outils. L'année suivante, nous l'avons retrouvée les vitres brisées. Désormais inutilisable, papa nous en a fait cadeau. Mes frères et moi avons passé les vacances à la démanteler. Armés de tous les outils possibles, clés, tournevis, marteaux, ciseaux à métal, scie à fer, et même d'une hache, nous avons passé plusieurs semaines à éventrer la carcasse : dévisse, déboulonne, découpe, cisaille... Nous avons conservé des engrenages et des pistons bien nettoyés en guise de trophées, et nous nous sommes débarrassés de toutes les autres pièces. Le bloc-moteur, trop lourd, a été enterré sur place.

Nous ne connaissions pas grand-chose à la mécanique, mais pour le démontage, nous avions fait un bout de chemin depuis notre premier réveille-matin.

Laurent Berthiaume

L'huile de foie de morue

Nous avons été toute une cohorte à grimacer, rouspéter et pleurer, à nous étouffer carrément au moins une fois par jour, en tâchant d'avaler les damnées capsules d'huile de foie de morue. De marque *Gaspéol*. Contenant chacune dix ou vingt gouttes de ce liquide visqueux qui ressemblait à de la bile! Sitôt la gélule fondue dans l'estomac, la fameuse huile se rappelait à notre bon souvenir et nous laissait un arrière-goût épouvantable. Ma sœur, de plusieurs années mon aînée, me disait que j'avais de la chance, moi : elle avait dû avaler la potion à la cuillère. À coups de menaces non voilées de maladies graves, on nous martelait que notre état de santé général dépendait de notre consommation gaspésienne pendant tout l'hiver.

Il ne reste plus de morues dans le golfe? Rien à voir avec la surpêche ou la prolifération des phoques. Elles ont rendu l'âme sur l'autel de la vitamine D. Nous avons ingurgité de force toute l'huile de leur foie.

Jeannine Lalonde

Le quai

Chaque été, mon père installait un quai sur le bord du Saint-Laurent pour y amarrer la chaloupe. Tout au bout, nous pouvions plonger dans trois ou quatre pieds d'eau.

À mesure que l'été avançait, le niveau du fleuve baissait et nous nous trouvions à plonger de plus en plus haut dans une eau de moins en moins profonde. À la limite du possible — l'eau était devenue si basse — nous nous élancions à sa surface en espérant rebondir comme des galets. Peine perdue, nous nous écorchions la peau du ventre sur le fond rocailleux.

Nous avions beau être des experts en plongeon horizontal, il fallait se rendre à l'évidence : il était temps de déplacer le quai vers le large.

Laurent Berthiaume

Le déjeuner

Levé très tôt, papa préparait le déjeuner pour toute la famille : un gros chaudron de café au lait, et un autre de gruau qu'il répartissait dans des bols à soupe. Très épaisse, cette soupane prenait en gelée. Il suffisait d'ajouter un peu de lait et elle flottait. Saupoudrée de cassonade, elle s'avérait mangeable, mais personne n'en raffolait. À vrai dire, le cœur me levait à chaque cuillerée. Je préférais de beaucoup les *Corn Flakes* ou le *Puffed Wheat* de l'épicerie du quartier. Avec du sucre granulé, un vrai régal. Pour en manger beaucoup, nous laissions du lait au fond du bol. Puis, on rajoutait des céréales et on recommençait jusqu'à ce que le lait soit épuisé. Nous terminions le déjeuner avec des toasts beurrées, que nous découpions en bâtonnets pour les tremper dans notre café. Ou encore, nous les recouvrions d'une épaisse couche de confiture.

Nous avions besoin d'énergie pour grandir.

Laurent Berthiaume

La ville ou la campagne

Après être déménagée à Montréal, chez mon oncle et ma tante, suite à la mort de ma mère, j'ai continué à passer tous mes étés dans mon village natal de Pointe-des-Cascades. Mon père, qui y résidait et y travaillait toujours, me demandait à tout bout de champ : « Qu'est-ce que tu préfères : habiter en ville ou à la campagne ? » Et toujours, sans hésitation, je lui répondais : « L'hiver en ville, l'été à la campagne. »

Je ne voulais rien manquer de la vie.

Jeannine Lalonde

La rougeole de Dorothée

Très jeune, j'ai élevé une grosse famille de poupées de tous âges et de tous matériaux. Outre les bébés qu'il fallait nourrir au biberon et qui mouillaient leurs couches, il y avait la belle Marie-Claire aux yeux bleus, Suzanne à la peau noire, et Dorothée, ma préférée. Sa tête, ses mains et ses pieds, en papier mâché, étaient reliés à un corps fait de coutil bien rembourré. Elle avait de véritables cheveux châtain clair, une figure souriante, et ma grand-mère avait cousu pour elle toute une garde-robe.

La rougeole s'étant répandue au village, je l'ai attrapée, bien sûr, et j'ai décidé de transmettre le microbe à Dorothée. Munie de bouchons de papier crêpé rouge vif trempés dans un bol d'eau, j'ai tamponné ses joues, son front, son cou.

Hélas ! Malgré le déploiement de tout mon attirail de garde-malade, elle n'en guérit jamais !

Thérèse Tousignant

La grande bibliothèque

On trouvait des bibliothèques un peu partout dans la maison. La plus grosse occupait un mur complet du solarium. Chaque enfant possédait un coin pour ranger ses ouvrages préférés. Quand certains ne l'intéressaient plus, il les plaçait sur les rayons à l'usage commun. Malgré tout, l'espace était limité, contrairement à ma soif de connaissances. Aussi, quand mes sœurs m'ont fait découvrir la bibliothèque d'Outremont, je me suis cru dans la caverne d'Ali Baba. Trois étages remplis de livres du plancher au plafond. Incluant le sous-sol, ô merveille ! la section des enfants.

Tous les samedis, beau temps mauvais temps, nous partions en expédition à la recherche de nouveaux trésors. Des contes merveilleux où les animaux, devenus familiers, avaient droit de parole. Des pays magiques et des fenêtres sur le monde, à une époque où la télévision n'existait pas. Mes univers, réels et imaginaires, s'ouvraient chaque jour davantage. Petit garçon, j'entrais dans le monde des grands.

Laurent Berthiaume

La visite de l'inspecteur

Un personnage important venait à l'école une fois par année. Nous préparions l'événement en pratiquant chants et salutations. Le jour précédent, nous recevions des consignes précises sur le déroulement de sa visite. Notre tenue devait être impeccable et nos pupitres en ordre.

À son arrivée, l'enseignante paraissait nerveuse. L'homme, engoncé dans un habit foncé, déambulait dans la classe avec aisance. Il posait des questions à l'un, à l'autre, examinait livres et cahiers, puis, assis à la place de la maîtresse, s'attardait sur son journal de préparation de cours. Debout comme une élève en pénitence, elle attendait. Il émettait des commentaires, elle opinait de la tête. Assis, le dos bien droit, nous gardions le silence, même après le son de la cloche.

J'aimais bien le jour de la visite de l'inspecteur. Il nous donnait congé de devoirs !

Marie-Ginettte Dagenais

Le pelletage de neige

Les lendemains de tempêtes de neige, pour gagner des sous, mes frères et moi allions offrir à nos voisins de nettoyer leur perron. Nous ne mettions pas grand temps à débarrasser trottoirs et galeries pour justifier notre salaire. Chaque propriétaire donnait ce qu'il voulait.

Une fois, une voisine pas très futée avait accepté notre offre de service. Le travail terminé, nous avions sonné plusieurs fois avant qu'elle ne se décide à entrouvrir la porte... pour nous dire un merci gêné. Déçus d'avoir peiné pour rien, nous avions remis un peu de neige dans l'entrée, par dépit. Cela faisait partie des profits et pertes, et d'autres portes nous attendaient. Bien sûr, nous avons retenu son adresse.

Laurent Berthiaume

Le neuvième chez Eaton

À la fin d'un après-midi de magasinage des Fêtes, ma mère nous amenait, ma sœur et moi, manger au neuvième étage du grand magasin Eaton. Le restaurant était une réplique de la salle à manger du célèbre paquebot *France*.

C'est là que, pour la première fois, je me suis servie toute seule le long de tables garnies de mets de toutes sortes. Assise le dos très droit, je mangeais comme les dames. Je n'avais pas les yeux assez grands pour tout voir. D'immenses tableaux ornaient les murs, des lampes sur pied laissaient filtrer une lumière ocre et le marbre dominait le décor. Une douce musique arrivait jusqu'à nous. Des femmes d'un âge certain, vêtues d'une robe noire, d'une coiffe et d'un tablier blancs, nous desservaient en souriant. Le regard de ma mère, rempli d'amour et de fierté, nous enveloppait. C'était, disait-elle, un moment heureux de l'année. Papa venait ensuite nous chercher et nous retournions sagement à la maison, dans notre quotidien.

Marie-Ginette Dagenais

L'humiliation

En neuvième année, la sœur supérieure n'était pas d'accord avec mon choix de cours. Elle a cherché à convaincre ma tante de la justesse de son point de vue. L'affrontement n'a rien donné. Ni l'une ni l'autre n'ont changé d'idée.

Alors, avant le début d'un après-midi de classe, la religieuse m'a fait monter sur la scène de la grande salle et a pris tous les élèves de l'école à témoin de mon choix de cours inconscient, de ma faute irrémissible. Il pleuvait dehors. Je portais un blazer et un béret marine, je tenais un parapluie rouge dans une main, comme une canne. Je n'ai pas dit un mot. J'avais honte, sans trop savoir pourquoi. Je me sentais meurtrie, comme si un boucher éminçait mon cœur.

L'apprentissage de l'humilité, passe encore. L'humiliation, non.

Jeannine Lalonde

La drôle de visite

Un matin d'octobre, on murmure dans la cuisine. Je m'avance à pas feutrés et j'espionne à travers les barreaux de l'escalier. L'atmosphère est différente des autres jours : grand-mère est venue sur semaine ; papa n'est pas parti travailler et maman est restée au lit. Ma sœur et moi devons aller chez la voisine. Suite à tous nos pourquoi, mon père nous parle de l'arrivée des sauvages. Les enfants ne doivent ni les voir ni les entendre. Habillées en vitesse, nous sortons par la porte arrière, tandis que le docteur entre par en avant.

De retour à la maison, en soirée, tout est calme. Grand-maman dépose un bol de bouillon chaud sur un plateau. Nous l'escortons jusqu'à la chambre de la visite. L'air fatigué, maman tient un paquet dans ses bras. Elle nous invite à venir voir notre nouvelle petite sœur. La figure rouge du bébé contraste avec la blancheur des draps. Je n'ose pas m'avancer. Ça doit être une sauvagesse !

Marie-Ginette Dagenais

Les petits chanteurs

À douze ans, je faisais partie de la manécan-terie du collège. Les sopranos pratiquaient les lundis et mercredis midi, et les altos, les mardis et jeudis. Le vendredi, nous chantions ensemble, et le samedi matin s'ajoutaient les ténors et les basses. Le directeur n'avait pas l'oreille musicale. Je ne pouvais m'empêcher de lui signaler les fausses notes, autant pour aider la chorale que pour soulager mon oreille qui grinçait des dents. Heureusement, il appréciait mes interventions qui lui faisaient gagner du temps. Aux concerts, toutes les notes baignaient dans l'huile. À sa demande, je chantais souvent en solo. Quand ma voix a commencé à muer, j'aurais préféré m'en abs-tenir, car je la forçais.

Aujourd'hui, je garde une fragilité des cordes vocales, héritage de cette période.

Laurent Berthiaume

Le mois de juin

À l'école, le mois de juin était le plus difficile à vivre. Quelle que soit la température, je devais porter une tunique de serge marine sur une blouse blanche et des bas longs retenus par un véritable attelage de jarretelles. Mes cuisses collaient sur les sièges de bois verni. Il faisait beau, les oiseaux s'égosillaient, les pivoines étaient en fleurs... Jouer dehors m'attirait bien plus que les tables de multiplication, les combats d'orthographe ou la préparation des examens de fin d'année.

Habits et habitudes ont bien changé. Mais je parie que les écoliers d'aujourd'hui vivent le mois de juin avec autant d'impatience.

Jeannine Lalonde

Le recyclage

Chez nous, le recyclage existait bien avant la lettre. Il n'y avait pas de place pour le gaspillage. Mes trois sœurs se passaient leurs vêtements de l'une à l'autre, à mesure qu'elles grandissaient. Comme j'étais le suivant dans la famille, il m'arrivait qu'on m'habille en fille pour finir d'user leurs robes qui avaient résisté jusque-là. Mes petits frères n'avaient pas mon problème : nos jeux de garçons les réduisaient en guenilles bien avant que leur tour vienne.

Et alors, ma mère les récupérait pour en faire des torchons.

Laurent Berthiaume

L'ouverture du chalet

Avec le retour du printemps et de la verdure, la fièvre du grand départ à la campagne s'emparait de nous tous. Papa préparait ses outils et achetait les semences pour le potager. Maman remplissait des boîtes de nourriture, de vêtements et de literie. Nous, les enfants, mettions de côté nos livres préférés et notre matériel de bricolage.

Tôt un samedi matin de juin, nous chargions la charrette et la famille s'entassait dans l'auto. Pendant que mon père conduisait, nous imaginions déjà nos prochaines aventures. Sitôt arrivés, nous prenions notre course au bord de l'eau. Le plus près possible du fleuve, sans se mouiller les pieds. Les détritus avaient envahi la grève. La végétation, encore jeune, ne parvenait pas à masquer les dépôts d'huile et de goudron. Désenchantement. Au chalet, autre déception : des malfaiteurs avaient forcé la porte et fait main basse sur des objets précieux.

Une année, tous les souvenirs de guerre de mon père avaient disparu. Ne restait que le regret.

Laurent Berthiaume

Le théâtre d'été

L'été, avec les amis de la campagne, nous montions des pièces de théâtre et jouions des personnages inouïs dans le garage de mon père. Après bien des discussions au sujet de nos rôles respectifs et quelques jours de répétitions, nous nous sentions prêts à affronter le public : nos parents.

L'entrée coûtait dix cents et les portes ouvraient à dix-neuf heures. Chaque spectateur apportait son siège. Le théâtre débordait jusque dehors puisque tous les vacanciers des chalets d'été assistaient à la représentation.

Immanquablement, la dernière scène se terminait la tête ou le derrière dans une cuve d'eau.

Jeannine Lalonde

L'Halloween

L'Halloween était une affaire de famille. Tous les enfants en âge de marcher étaient accoutrés d'oripeaux, de tissus bariolés, de vêtements d'une autre époque conservés dans un coffre à l'odeur de boules à mites. Ma grande sœur Monique, docteure ès Costumes et Accessoires, nous déguisait de pied en cap. En tribu, nous quêtions à toutes les portes, éclairées ou non. Tout le monde se devait de nous faire la charité. Nous revenions vider nos sacs à la maison avant de reprendre la route.

Vite fatigués, mes jeunes frères et moi rentrions tôt. Par contre, mes sœurs prolongeaient la tournée tard dans la soirée. Dans la cuisine, nous classions *klondikes*, *jelly beans* et autres bonbons dans des plats séparés. La famille avait récolté de quoi se sucrer le bec jusqu'à Noël et des pommes à ne plus savoir qu'en faire.

Quant aux sous noirs, c'était le salaire des grandes. Nous, les petits, n'avions pas travaillé suffisamment pour mériter une paie.

Laurent Berthiaume

La procession de la Fête-Dieu

Un jeudi soir de juin, la procession de la Fête-Dieu s'ébranlait dans les rues de la paroisse. Les Zouaves pontificaux, épée au fourreau et chapeau à plumet, précédaient les Enfants de Marie, les Dames de Sainte-Anne et la Ligue du Sacré-Coeur. Suivaient les enfants de chœur et tous les gradés et non-gradés de la Croisade eucharistique. Les chorales étaient disséminées parmi les paroissiens. Tout le monde chantait des cantiques et tenait un cierge allumé protégé par une coupelle de carton. Ces flambeaux constituaient un danger dans les rangs des enfants. Plusieurs incidents ponctuaient d'ailleurs la soirée.

Le clou de la procession : sous un dais doré, dans une brume d'encens, un prêtre, entouré de toutes les soutanes de la paroisse, tenait bien haut l'ostensoir. En fin de parcours, il déposait l'objet sacré sur un reposoir fleuri et décoré par des fidèles, habituellement érigé sur le parterre d'un marguillier.

L'année de ma première communion, j'ai eu le privilège de personnifier un ange aux ailes de carton, immobile et en prière près du reposoir. Ça avait été une longue soirée.

Jeannine Lalonde

La récupération

Nos parents ne toléraient pas le gaspillage. Mes plus beaux manteaux d'enfant ont été taillés dans le tissu récupéré des paletots de mes grands-oncles. Ma tante a cousu tous mes vêtements jusqu'à mes quatorze ans, même un habit de neige et un manchon de simili-fourrure. Ma mère redonnait vie aux vieux chapeaux et confectionnait des tenues pour mes poupées. Je m'essuie encore les pieds sur des tapis nattés de bandes de tissu teintes de couleurs vives, des pièces d'artisanat aussi inusables que simples. Mon oncle réparait les lunettes, nettoyait robes et complets et resse-melait les souliers. Il fabriquait des couteaux avec des retailles d'acier et réutilisait les vieux pneus comme jardinières.

Mes enfants n'ont pas connu leur grand-mère maternelle ni leur grand-tante. Mais ils passent leurs nuits la joue collée sur les cotonnades imprimées des vêtements de ces deux femmes, matière première des courtepointes.

À la naissance de ma petite-fille, je lui ai offert une pièce unique : une couette miniature au motif de bateau à voile bleu. Du tissu bleu d'une robe de ma mère.

Jeannine Lalonde

Les escaliers

Dans notre maison, il y avait deux escaliers, un à chaque extrémité. Celui d'en avant, en ligne droite et recouvert d'un tapis, servait à nos jeux acrobatiques : descendre tête première à plat ventre, sur le dos, en culbutant, s'étendre sur une marche et rouler jusqu'en bas ; grimper à l'extérieur de la rampe jusqu'à toucher le plafond ; redescendre en sautant trois marches à la fois, puis quatre, cinq... C'était à qui se montrerait le plus inventif.

L'escalier d'en arrière, par contre, montait en colimaçon. Quand nous étions trop turbulents à table, papa nous y envoyait manger. Assis sur une marche, l'assiette sur la suivante, nous jouissions d'une vue panoramique sur la cuisine. Les marches étaient souvent toutes utilisées. Parfois, nous y allions de nous-mêmes, au retour de l'école, pour la collation : juchés tout en haut avec un pot de beurre d'arachide et une cuiller, nous nous régalions avec gloutonnerie. Un jour, j'en ai fait une indigestion. La seule vue du beurre d'arachide m'a longtemps donné la nausée.

Laurent Berthiaume

Les pierres

L'été, j'allais saluer le fleuve Saint-Laurent tous les jours, comme mon père le faisait. Il fallait marcher jusqu'au bout du terrain et descendre une longue côte escarpée. Là, je sautais sur les roches au bord de l'eau, de plus en plus vite, sans m'arrêter de courir, en choisissant les moins dangereuses, celles qui ne ralentiraient pas mon allure. La pratique de ce sport m'occupait pendant des heures, quotidiennement. J'en étais venue à me croire la meilleure au monde à ce jeu. J'étais la championne, j'en étais persuadée. Et j'étais riche, riche des milliards de galets s'offrant à mes pieds.

À l'époque, je n'aurais jamais cru qu'un jour je débourserais une somme substantielle pour me procurer quelques pierres à intégrer dans mon jardin.

Jeannine Lalonde

Le guenilloux

La ruelle s'avérait le lieu de bien des jeux mais aussi de peurs terribles. Je ne me suis jamais habituée à l'allure sombre du guenilloux. Tout était noir et sale chez lui. Il poussait sa charrette remplie de guenilles entassées pêle-mêle en laissant échapper des cris gutturaux effrayants. Je fuyais à toutes jambes avant même de lui apercevoir le bout du nez gris. Les plus âgés de mes amis m'avaient fait croire qu'il ramassait les enfants.

Réputation de méchant loup. On devrait plutôt rendre hommage aux guenilloux pour avoir encouragé le recyclage avant tout le monde.

Jeannine Lalonde

La cigarette

Dans les années soixante, presque tout le monde fumait : la pipe, le cigare et surtout la cigarette. Ignorants des effets nocifs de la nicotine et influencés par l'omniprésence de fumeurs à la télé et au cinéma, nos parents adoptaient volontiers cette habitude. Les maisons s'emboucanaient et la situation empirait lors des réunions familiales. Au travail, café et cigarette faisaient bon ménage. Aucun interdit. Les cendriers débordaient dans les voitures, les restaurants, les salles d'attente. Partout !

Lorsque nous allions visiter une personne à l'hôpital, les adultes, cigarette au bec, s'informaient de son état de santé. Le visage blême, le patient toussait dans un nuage de fumée et, inconscients, nous lui offrions nos vœux de guérison.

Marie-Ginette Dagenais

L'épicerie Thrift

À l'épicerie Thrift, nous étions bien connus. Maman avait toujours besoin de quelque chose et ma sœur adorait faire les courses après la classe. L'épicier, en commerçant avisé, n'aimait pas jeter les fruits ou légumes défraîchis. Aussi les mettait-il de côté pour nous. Il nous les vendait pour quelques sous tout en faisant de la place pour ses nouveaux arrivages. Nous revenions souvent à la maison avec un gros sac de bananes archimûres. Nous faisions le tri entre ce qui était encore mangeable et ce qu'il fallait jeter. Nous transformions les morceaux récupérés en gâteaux, poudings et autres recettes passe-partout. Quant aux légumes, ils finissaient leurs jours dans les soupes et fricassées.

Ma mère ne gaspillait rien et nous l'encouragions de notre mieux en vidant bien nos assiettes.

Laurent Berthiaume

Les jeux

Cours de récréation, trottoirs, parcs, escaliers, ruelles ou rues tranquilles, nous avons occupé tous ces territoires urbains. C'étaient des lieux de vrai bonheur.

Au fil des ans, les jeux ont varié : bolo, yoyo, cartes de hockey, hula-hoop, balle bleu-blanc-rouge, marelle, craies de couleur, ballon chasseur, ballon volant, hockey bottines...

Les week-ends, on envahissait la cour d'école en se faufilant sous la barrière cadenassée ; là, aucune cloche pour annoncer la fin de la récréation. On osait même y mâcher de la gomme balloune et porter des bas courts !

Jeannine Lalonde

La communion à jeun

Pour être admis à la Sainte Table, il fallait être à jeun depuis la veille sous peine de péché mortel. Les dimanches matin à la grand-messe, nos ventres affamés gargouillaient, l'odeur de l'encens nous donnait la nausée. Une autre obligation absolue : faire ses pâques, c'est-à-dire communier au moins une fois entre Pâques et la Pentecôte.

L'année de mes dix ans, comme j'étais alitée pour une période indéterminée, mes parents ont demandé au curé de m'apporter la communion à la maison. Le prêtre n'avait sans doute pas précisé l'heure de sa visite, mais papa m'avait rassurée : les malades faisaient exception et je pouvais manger même dix minutes avant de recevoir l'Eucharistie.

Sans avoir faim, j'ai dévoré à toute vitesse une tablette de chocolat, juste pour voir si le ciel me tomberait sur la tête... après un tel sacrilège.

Thérèse Tousignant

La boîte de boutons

Ma grand-mère nous gardait souvent chez elle. Les jours de pluie, pour nous occuper, elle sortait sa boîte de boutons. Nous enfilions les pièces multicolores sur des ficelles pour en faire tantôt des colliers, tantôt des bracelets. Assise au bout de la table, elle nous surveillait. Parfois, elle saisissait un bouton, heureuse de l'apparenter à une boutonnière orpheline, ou bien en tenait un autre entre ses doigts et le reliait à un événement. J'entends encore sa voix : « Ce petit bouton bleu en forme de crocodile vient de la première salopette de votre oncle, celle qu'il portait le jour où je l'avais cru noyé dans le ruisseau. Celui-ci, le blanc cerclé d'argent, est un vestige du premier uniforme de votre mère au couvent. »

Une fois, son intonation changea. Je levai les yeux, elle serrait un gros bouton noir sur son cœur et rangeait un mouchoir dans sa poche de tablier : « C'est celui de l'habit de noces de votre grand-père, vous ne l'avez pas connu ». Ensuite, elle nous amena manger un cornet de crème glacée au bar laitier, histoire de se changer les idées.

Marie-Ginette Dagenais

Le piano

Tout le monde jouait du piano dans la famille. Cela faisait partie de notre éducation. Mes grandes sœurs apprenaient cet instrument à leur école et pratiquaient à la maison chacune leur tour. À notre insu, la musique se gravait dans nos cerveaux. Je connaissais beaucoup de pièces avant même de les avoir apprises.

Un soir de tempête d'hiver, une panne d'électricité entraîna l'obscurité totale dans le quartier. Pendant que ma mère s'affairait à allumer des bougies, mes sœurs se précipitèrent au piano pour le plaisir de jouer à l'aveugle. Les longues heures de pratique semblaient porter fruit et chacune se surprenait à interpréter ses morceaux favoris presque sans faute. C'était à qui jouerait par cœur la pièce la plus difficile. La mémoire des doigts faisait en sorte qu'ils frappaient toujours les bonnes notes, même si les touches blanches étaient devenues noires. Une chandelle apportée au salon vint rompre le charme, mais pas entièrement. La faible lumière créait un décor fantastique qui invitait à poursuivre l'expérience.

Laurent Berthiaume

Le laitier

Dans mon enfance, en guise de système d'alarme, un berger allemand montait la garde en permanence derrière notre demeure. Attaché au bout d'une chaîne de cinq mètres, l'animal allait et venait, reniflait, tendait l'oreille, mordillait son os. De temps en temps, il disparaissait dans sa niche.

Très tôt le matin, le laitier déposait les pintes de lait dans un casier approprié à l'entrée de la maison. Distrait ou téméraire, il prenait parfois des risques. Une violente échauffourée éclatait alors. Le chien s'élançait, l'homme gueulait, la rage s'emparait de l'un comme de l'autre. Des éclats de verre jonchaient le sol, preuve tangible de l'affrontement.

Le vendredi suivant, jour des comptes, en entrant dans la maison, le laitier boudait.

Marie-Ginette Dagenais

Les sens

À l'oreille, parmi les miaulements de tous les chats du village, j'aurais pu distinguer celui de mon gros matou jaune. Un miaou suppliant et souverain à la fois, une requête polie. La bête avait pourtant été élevée par une chatte itinérante qui avait ses portées dans les remises.

Au toucher, je pouvais aussi reconnaître l'eau nerveuse du fleuve, à Pointe-des-Cascades. Une eau un peu rugueuse comparée à celle des lacs, plus veloutée.

La seule vue du vallon ensoleillé chez les voisins réveillait chez moi le goût des fraises des champs et des noix de caryer.

Quant à l'odeur de la ville, pour moi c'était celle du canal Lachine. En rentrant à Montréal par la route 2-20, sa puanteur nous saisissait dès Ville-Saint-Pierre. Mélange typique de levure, de goudron, de feu, de fer et de fumée des quartiers industriels de l'époque.

On dit que nos sens nous trompent. Pas toujours.

Jeannine Lalonde

Les coupe-papier

Au secondaire, nous utilisions toutes des coupe-papier pour décacheter nos lettres et ouvrir les feuillets de certains livres imprimés in-quarto ou, encore mieux, in-octavo. Quel plaisir de libérer une à une les pages d'un recueil, au fil de nos lectures, et d'y découvrir les secrets recelés!

Je me souviens d'avoir reçu un merveilleux coupe-papier rapporté du Japon par une sœur missionnaire: son manche et son étui en bois laqué rouge et illustrés de paysages exotiques me fascinaient. Sa lame fine, très coupante, aurait pu devenir une arme blanche redoutable, mais l'idée même d'un tel usage ne me serait jamais venue à l'esprit.

Thérèse Tousignant

Le poisson fou

Tous les matins, mes frères et moi allions au bout du quai vérifier si le niveau de l'eau avait encore baissé et planifier nos activités. Un jour, pendant que nous discutions de notre prochaine expédition, un petit poisson qui tournait en rond entre les roseaux a attiré notre attention. À l'heure de la baignade, il était encore là, toujours à tourner en rond. Comme s'il avait un problème au cerveau. Sans être de grands pêcheurs, nous savions nous servir d'une épuisette. Et la perchaude a abouti à la cuisine. Ma mère l'a fait tourner en rond une dernière fois dans sa poêle à frire avant de nous la servir pour souper.

Une petite bouchée pour chacun, quelques arêtes en sus, mais quel délice !

Laurent Berthiaume

Les petits choux blancs

La sœur préfète de musique avait plus de cent ans et des poils au menton. De grosses lunettes en écaille accentuaient ses yeux de grenouille.

On ne rencontrait la doyenne qu'une fois ou deux par année, le jour des examens de piano. L'enseignante de musique nous annonçait sa venue en grande pompe et exigeait le plus parfait respect à son égard. L'examen se déroulait en sa seule et rigoureuse présence. Il fallait exécuter les gammes sans s'accrocher et jouer les pièces obligatoires par cœur. La sœur préfète nous terrorisait malgré sa ritournelle d'accueil : « Mon petit chou blanc, jouez-moi sans faute... »

Après quelques années de ce régime, mes amis et moi la craignions moins. Nos petites personnes en avaient marre d'être éternellement traitées de choux blancs. Nous avions même décrété que la vieille mère était complètement sourde.

Jeannine Lalonde

Les pissenlits

Quand les pissenlits foisonnaient, au printemps, la couleur jaune dominait dans l'herbe déjà haute. Nous jouions à qui en ferait le plus gros bouquet, mes frères et moi. La chemise et le visage tachés de soleil, nous en apportions de pleines brassées à maman. Elle les disposait dans un large vase rempli d'eau, au milieu de la table. Trop tard! L'immense boule jaune se dégonflait littéralement sous nos yeux.

À l'heure du dîner, le bouquet défraîchi sortait par la fenêtre pour faire place à la nourriture. Personne ne s'en plaignait. Nos appétits en pleine croissance répondaient à des impératifs plus importants.

Laurent Berthiaume

Le premier jour d'école

Quand j'ai commencé ma première année d'école chez les filles, (on ne fréquentait l'école des garçons qu'à partir de la deuxième année), mes trois sœurs se sont querellées pendant une semaine pour décider qui m'y amènerait. Finalement, entouré de mes trois gardes du corps, j'ai traversé la rue et fait mon entrée dans cet univers féminin du savoir.

Dans la cour de récréation, mes sœurs étaient fières de m'exhiber à leurs amies. Ma tête frisée de Saint-Jean-Baptiste attirait tous les regards. Intimidé, je me contentais d'ouvrir grand les yeux.

Délivré par la cloche, sous l'œil sévère d'une religieuse, j'ai appris à prendre mon rang par ordre de grandeur pour entrer en classe. J'étais le sixième plus petit. L'enseignante nous a montré à nous asseoir et à nous lever de notre pupitre au son de sa claquette. Deux élèves ont fait pipi dans leur culotte et, nullement décontenancée, elle a nettoyé le plancher avec un seau d'eau et un linge. Ce fut mon premier jour d'école.

Laurent Berthiaume

La grande désillusion

En sixième année, le frère enseignant avait ses chouchous. Un jour, à la piscine de l'école où nous allions une heure par semaine, il proposa à la classe une course sous l'eau pour nous encourager à plonger. Nous étions en décembre et l'eau n'avait pas été chauffée depuis plusieurs jours. Stimulé par la promesse d'un prix, comme quelques rares braves, j'ai plongé dans l'eau glacée. Avec toute l'énergie dont j'étais capable, j'ai atteint l'extrémité de la piscine d'un seul souffle, les poumons sur le point d'exploser. Les autres concurrents avaient abandonné. Étonné de ma prouesse, j'avais hâte de recevoir ma récompense. Rien.

Comme par hasard, le frère l'avait oubliée. Je ne faisais pas partie de ses préférés.

Laurent Berthiaume

Les premiers patins

Vers l'âge de quatre ans, j'ai eu le privilège d'utiliser les premiers patins de ma mère, qu'elle avait conservés précieusement. Trop grands pour moi, maman les avait bourrés avec du papier journal. Elle avait fixé une caisse de bois sur mon traîneau et le tour était joué, j'avançais en poussant le tout sur la glace.

Nouvellement arrivée à Montréal, j'ai d'abord patiné sur le rond entretenu par mon oncle, dans la cour arrière de la maison. Il a fallu très peu de temps pour que les garçons du voisinage découvrent l'endroit et s'y retrouvent à plusieurs pour jouer au hockey et se tirailler. Mon oncle devait continuellement limiter le nombre de visiteurs pour que mes amies et moi puissions nous amuser sans danger.

Cette patinoire a fini par être trop petite. Quand j'ai été capable de lacer mes patins, j'ai eu la permission d'aller au parc. Et bientôt, j'ai étrenné des patins de fantaisie blancs, comme ceux de Barbara Ann Scott.

Jeannine Lalonde

La surprise

De temps en temps, pour me récompenser de ma bonne conduite ou par simple fantaisie, ma mère me disait : « Ferme tes yeux et ouvre ta bouche ». J'obtempérais sur-le-champ. J'entendais ses pas la conduire dans la salle à manger, une porte d'armoire s'ouvrir... et je salivais déjà à l'idée de savourer une surprise sucrée sur ma langue : un caramel, un « bâton fort », une lune de miel, un poisson à la cannelle, une guimauve en forme de fraise. Jamais une réglisse noire, elle savait que je ne les aimais pas.

Un jour, ma mère ne revint pas avec le bonbon tant convoité... mais avec un « Seigneur du bon Dieu ! Ça se peut pas ! » Les fourmis avaient envahi sa bonbonnière.

Jeannine Lalonde

La convalescence

De retour de l'hôpital avec le printemps, j'étais en convalescence de ma méningite pendant que mes frères et sœurs allaient à l'école. Ivre de ma liberté retrouvée, je pirouettais dans la cour en tenant un carton dans les airs à bout de bras, ce qui me donnait l'impression de planer. Tout comme la verdure, je reprenais possession de mon terrain de jeu. Alors que je savourais ce moment magique, ma mère m'a demandé de rentrer à la maison : le docteur venait de décréter un mois de repos supplémentaire. Un autre mois alité pendant qu'à l'extérieur les fleurs et les oiseaux me réclamaient ! À tout prendre, j'aurais préféré retourner en classe.

Après trois mois de congé forcé, il m'a fallu rattraper le temps perdu dans mes études. Compte tenu de l'énorme pile de livres reçus à la distribution des prix, il semble que cela ne fut pas un problème.

Laurent Berthiaume

Le chien chanteur

En ville, nos voisins mitoyens, des Irlandais anglophones, possédaient un chien écossais. Parfois l'animal trônait sur leur perron, à l'avant de la maison, parfois il faisait les cent pas dans la cour arrière. J'avais reçu un harmonica en cadeau et je me déplaçais d'une pièce à l'autre de la maison pour permettre à la famille de se reposer les oreilles. Quand j'en jouais sur notre galerie, le chien se mettait à chanter pour m'accompagner et il avait une fort belle voix. Sa maîtresse sortait alors en coup de vent, se demandant quelle mouche l'avait piqué. J'arrêtais ma musique à ce moment-là, pour ne pas me faire repérer. Sitôt la dame partie, je rejouais quelques notes pour rigoler avec mes petits frères complices. Nous nous cachions sous le perron pour répéter notre manège. La voisine aurait bien voulu nous pincer, mais nous restions invisibles.

Laurent Berthiaume

La fête de l'école

Chaque année, notre école fêtait saint Viateur, son patron. Après une messe commémorative, la journée se poursuivait par des jeux organisés dans la cour et un pique-nique.

En quatrième, alors que je préparais mon lunch tôt le matin, j'ai ramassé une minuscule miette de fromage tombée par terre et l'ai mangée par mégarde. Trop tard : je n'étais plus à jeun. L'aumônier à qui j'avais demandé conseil m'ayant refusé une dispense, j'ai assisté à la messe le cœur gros, sans communier. Ensuite, j'ai déjeuné avec mes amis, mais mon sandwich au fromage avait un arrière-goût. Il a fallu toute la journée pour que je retrouve la joie de vivre.

Laurent Berthiaume

Les arches

Aux abords du jardin et pour délimiter la section des chalets d'été sur la propriété de mon père, mon oncle avait construit des arches qui n'étaient pas tout à fait des tonnelles. Des treillis latéraux laissaient libre cours aux plantes grimpantes. La particularité de ses créations: des petites sections de manches à balai, peintes en rouge et en bleu, suspendues par des œillets, invitaient le promeneur à les faire danser sous ses doigts, juste au-dessus de sa tête.

Peut-être existe-t-il une grande arche à la porte du ciel. Je chercherai les petits bouts de manches à balai...

Jeannine Lalonde

L'accident

Mon père nous avait installé une balançoire au milieu de la grande remise. Deux gros câbles attachés à la poutre centrale du plafond retenaient une planche de bois. Tout excités, mon frère, mes sœurs et moi avons décidé de jouer à qui irait le plus haut. Je plaçai une minuterie sur l'établi. Bien assise, solidement agrippée aux câbles, je me donnai un élan, et un autre... Je flottais dans l'espace. Au bout de trois minutes, la sonnerie retentit et je m'arrêtai en zigzaguant. C'était au tour de mon frère. Il monta plus vite et plus haut que moi. Soudain, crac! un des câbles a cédé. Son corps fut projeté violemment sur le plancher de béton.

Ce soir-là, il n'a pas dormi à la maison. Par la porte entrebâillée du salon, j'ai vu pour la première fois mon père pleurer.

Quelques années plus tard, Édouard a recommencé à marcher grâce à l'intervention miraculeuse de Notre-Dame-du-Cap, selon les dires de ma mère.

Marie-Ginette Dagenais

Les patates frites

Mes grandes sœurs décidaient parfois de transformer le souper en partie de patates frites. Une industrie familiale où chacun jouait son rôle. Mon plus jeune frère lavait les pommes de terre, un autre les pelait avant que je les coupe en bâtons. Ma sœur aînée faisait chauffer l'huile sur le poêle et supervisait le travail. Une autre dressait la table. Une troisième s'occupait de la dernière, encore trop petite pour aider. Le travail à la chaîne fonctionnait sur des roulettes.

Déjà on entendait les bâtonnets frétiller dans l'huile chaude et, le ventre creux, on attendait fébrilement la chaudronnée. Chacun avait droit à quelques frites brûlantes, pendant que le deuxième lot mettait notre patience à rude épreuve. Venait enfin le temps où le grand plat débordait, au centre de la table. Mais c'était trop et trop tard : nous n'avions plus faim tellement nous avions grignoté de pain et de fromage.

Cela ne nous empêchait pas de recommencer, quelques semaines plus tard.

Laurent Berthiaume

La permanente

À la fin de l'année scolaire, je devais obligatoirement aller chez la coiffeuse, autant dire passer à l'abattoir.

Madame Labonté me coupait les cheveux très court et me tirait ce qui en restait pour les rouler sur des bigoudis attachés serré. Je crois qu'il y avait même de la guenille là-dedans, le tout enduit d'un mélange à l'odeur chimique insupportable. On me faisait ensuite passer sous un appareil qui n'était pas un séchoir, mais un genre de grilloir électrique dont les pinces recouvraient chacune des papillotes. Le résultat n'avait rien d'une Tonette aux boucles souples. Ça s'appelait un « pad chimique ». Je sortais de chez la coiffeuse le cou rougi, affublée d'une tête aux cheveux brûlés, plus frisés que la laine d'un mouton. Mes parents me considéraient propre pour l'été. Moins de travail, je suppose. On pouvait me laver et sécher les cheveux en un tournemain.

Aujourd'hui, on poursuit des parents en justice pour moins que ça.

Jeannine Lalonde

Le curé

Fils d'ouvrier, papa, malgré ses diplômes d'ingénieur, n'avait pas honte de ses origines. Le samedi, il enfilait de vieux vêtements pour effectuer des travaux à la maison. Et quand il lui manquait des clous ou autres matériaux, il traversait la rue juste devant le presbytère pour se rendre à la quincaillerie. Le curé, occupé à lire son bréviaire en arpentant le trottoir, rentrait en vitesse lorsqu'il le voyait venir.

La soutane ne souffrait pas la promiscuité de la salopette. D'autant plus que mon père, avec son franc-parler, avait plusieurs fois remis à sa place le personnage revêtu de sa superbe.

Laurent Berthiaume

La piastre

Dans les années cinquante, il était courant de boire de la bière ou des boissons gazeuses en auto et de lancer les contenants vides par les fenêtres. Enfants, nous gagnions notre argent de poche en vendant les bouteilles récupérées au bord des chemins. Les petites valaient deux sous, et les grosses, cinq sous. Que d'efforts pour amasser un seul dollar!

Un jour, en marchant le long d'une route, j'ai remarqué le coin d'un billet vert presque entièrement dissimulé sous un gros caillou. Une aubaine! Mais je n'étais pas seule: ma sœur, mon frère et mon père m'accompagnaient. Alors, innocemment, j'ai demandé à papa: « Si par hasard je trouvais un dollar, est-ce que je pourrais le garder? » Il m'a répondu: « Oui, si tu ne peux pas savoir à qui il appartient. »

Alors, vite, je suis allée ramasser la piastre!

Thérèse Tousignant

Les courtepointes

Penchées sur un grand métier de bois fabriqué par mon oncle, les lunettes sur le bout du nez, les femmes de ma famille piquaient des courtepointes pendant les mois d'hiver. Il fallait d'abord rassembler des retailles de tissu, les couper en petits carrés égaux, ajuster et assembler ces pièces bout à bout, ajouter de la bourre de kapok et une doublure faite de poches de sucre, fignoler les bords et, finalement, piquer à la main — en biais c'est plus joli — piquer et piquer sans fin, à petits points invisibles à l'envers comme à l'endroit.

Pendant que leurs doigts habiles traçaient ainsi à l'aiguille des pistes microscopiques, ces femmes discutaient posément des sentiers de leur vie.

Jeannine Lalonde

L'exercice d'écriture

En première année, la religieuse nous faisait copier et recopier les mêmes mots pour nous exercer à l'écriture et à l'orthographe. Après m'être appliqué à remplir une demi-page, trouvant l'exercice ennuyeux, j'ai introduit quelques variantes. Au début, j'étirais les mots pour remplir les lignes avec peu de lettres. Puis, j'ai essayé le contraire : en écrivant très, très serré, j'arrivais à loger le même mot dix ou douze fois sur une ligne.

J'étais en pleine expérience de création scientifique et artistique quand sœur Marie de l'Enfant-Jésus, qui circulait entre les rangées de pupitres, m'a rappelé à l'ordre : « Ce n'est pas parce que tu écris de la main gauche que tout t'est permis ».

Laurent Berthiaume

Les catalogues

Que d'heures passées à feuilleter les catalogues ! Les grosses éditions annuelles de Sears ou d'Eaton présentaient une variété incroyable de tout pour tous : vêtements, meubles, appareils ménagers, vaisselle, literie, outils... Dans celui de Dupuis Frères, mes parents commandaient surtout des fournitures scolaires, des kits d'artisanat et nos uniformes.

Mon catalogue préféré était sans contredit celui de Noël de Simpsons-Sears. Dès le début d'octobre, il allumait les rêves. Un choix extraordinaire de jouets, friandises et bijoux s'étalait en couleurs sur des dizaines de pages de papier glacé.

Après les Fêtes, nous découpions les images et réalisions des *scrap books*, ce qui prolongeait le plaisir jusqu'à l'arrivée... du prochain catalogue.

Thérèse Tousignant

Les étés de mon enfance

Mes trois sœurs et moi passions presque tous nos après-midis d'été à jouer à la mère. Ma cadette et moi portions de vieux vêtements de maman dénichés dans des malles. Nous promenions dans des carrosses les deux plus jeunes qui nous servaient de poupées vivantes. Nous explorions l'univers rose et routinier des femmes de l'époque.

Les jours de pluie, par contre, je m'isolais sous la galerie pour relire mon livre préféré, *Les malheurs de Sophie.* Je m'imaginais dans la peau de cette petite espiègle avide d'expériences. J'aurais tant aimé vivre à cette époque où les aventures palpitantes se déroulaient dans de merveilleux châteaux habités par des êtres fascinants. Ma vie me paraissait bien ordinaire. Mais en me comparant à Sophie, je me trouvais très sage.

Marie-Ginette Dagenais

Les scoubidous

Autour de mes dix ans, nous habitions à Chapais, une petite ville du nord de l'Abitibi. La mode de fabriquer des scoubidous s'était répandue. Papa nous fournissait parfois la matière première: le « fil à blaster ». Utilisé pour le dynamitage, on le trouvait près des installations minières ou le long des routes récemment ouvertes. Nous nous attaquions alors à la tâche plus que délicate d'évider sans les abîmer des longueurs suffisantes de ces fils rouges, jaunes, blancs... Débarrassés de leur cœur de cuivre, on pouvait les tresser.

Les religieuses, quant à elles, confectionnaient ces colifichets avec des « matériaux professionnels » commandés par catalogue. Comme j'ai envié à ma sœur aînée sa magnifique libellule bleu marine montée en épinglette! Elle portait fièrement sur sa tunique d'écolière ce bijou de scoubidou reçu comme récompense pour ses résultats scolaires.

Thérèse Tousignant

La chorale familiale

L'apprentissage de la musique, d'abord une démarche personnelle, nous amenait parfois à donner des concerts impromptus. Chaque année, après le souper du vingt-cinq décembre, ma sœur aînée entraînait la famille au salon. C'était l'heure des chants de Noël. Nous nous voyions confier les différentes partitions des arrangements d'Ernest Gagnon que nous chantions en lecture à vue, pendant que notre directrice donnait la mesure en nous accompagnant au piano.

D'une année à l'autre, j'ai chanté comme soprano, alto, ténor et basse, selon la « hauteur » de mes cordes vocales et les voix à combler dans la chorale familiale. Chacun avait la chance d'être soliste, car ma sœur ne nous faisait grâce d'aucun couplet. Comme toute partie de plaisir a une fin, maman venait nous chercher pour faire la vaisselle, et là aussi, chacun avait un rôle important à jouer. Si cela ressemblait à un travail à la chaîne, c'est toujours en chœur et avec cœur qu'on s'en acquittait.

Laurent Berthiaume

Les friandises partagées

L'été, à la campagne, on voyait des gros blocs de sel plantés sur des piquets, au milieu des prés. Ce « sel à vaches », mis à la disposition du bétail, servait de complément au fourrage. Nous aimions bien, enfants, courir jusqu'à ces énormes bonbons roses et leur donner quelques coups de langue gourmands! Nous goûtions aussi volontiers à la moulée destinée aux lapins.

De même, nous avons joyeusement partagé nos collations avec le chien Médor. Pour lui montrer notre affection sans réserve, nous lui permettions de croquer un morceau de notre biscuit ou de prendre une léchée de notre cornet de crème glacée.

Mais un jour, c'est sans aucune autorisation de ma part que la brebis Gertrude, effrontée, a dévoré mon petit sac à main en paille, quand je suis allée la flatter au retour des vêpres!

Thérèse Tousignant

Les boucliers

Attachées à notre camisole, pour nous pré-
server du mal, nous portions deux médailles
bénites, la médaille miraculeuse de la Vierge
Marie et celle du Sacré-Coeur. On pouvait
remplacer cette dernière par un scapulaire :
l'image du cœur du Christ était cousue sur
une feutrine rouge. Les religieuses vérifiaient
régulièrement nos « amulettes ».

L'hiver, s'ajoutait le carré de camphre, garantie
contre les rhumes. Son odeur tenace se mêlait
aux effluves de boules à mites émanant de nos
gilets de laine.

Nous avons survécu.

Jeannine Lalonde

Le guenilleux

À la maison, lorsque nous étions désobéissants, nos parents nous menaçaient de nous donner au « guenilleux ». Celui-ci, toujours le même, faisait sa tournée tôt au printemps et tard à l'automne.

Cachés au fond du garage, nous l'espionnions. L'œil aux aguets, l'air de flairer la bonne affaire, l'homme rôdait autour de l'amas d'objets hétéroclites entassés par mon père au fil des jours. Il fouillait, triait et s'emparait d'un lavabo ébréché, d'une brouette rouillée, d'un pied de lampe démodé ou d'une table bancale. Puis, d'un geste brusque, il les lançait sur son bric-à-brac, dans la boîte de son camion rouge.

Nous retenions notre souffle jusqu'au moment où le rapailleur tournait le coin de la rue. Ouf! on l'avait échappé belle!

Marie-Ginette Dagenais

La coquetterie

En fin d'après-midi, après nous avoir débarbouillés tour à tour au lavabo, maman se faisait belle devant le miroir pour le retour de papa. Tablier propre, rouge à lèvres, parfum discret...

Je me souviens de l'étincelle dans le regard de mon père et de l'attention qu'il lui portait. Baisers volés, sourires taquins, tendres enlacements. Maman lui donnait raison de l'avoir choisie.

C'était son homme, celui à qui elle avait dit « oui » pour la vie.

Marie-Ginette Dagenais

Les histoires de papa

Papa adorait conter des histoires. Devant son auditoire captif, il ne tarissait pas d'anecdotes vécues dans sa jeunesse, toutes aussi étonnantes les unes que les autres. De petite taille, il aurait bien aimé être aussi grand que son père, mais il tenait de sa mère qui mesurait moins de cinq pieds. Il nous racontait que, jeune adolescent, il passait des heures assis sur le bord de la galerie, des poids attachés aux pieds, espérant faire allonger ses jambes. Dans ma candeur enfantine, je le trouvais bien patient. Cela n'avait rien donné, bien sûr. Maman le dépassait d'une bonne tête.

Aujourd'hui, je me demande s'il ne nous avait pas menés en bateau. Comment un esprit scientifique comme lui pouvait-il imaginer un tel manège pour grandir? Ou était-ce une recette de médecine populaire? Je préfère croire qu'il avait inventé cette histoire de toutes pièces pour nous entraîner dans son univers. N'était-il pas un merveilleux conteur!

Laurent Berthiaume

Le petit catéchisme

Chaque année, de la troisième à la sixième, nous devions apprendre une partie des sept cents réponses du petit catéchisme. En septième, nous devions les savoir toutes par cœur.

Les écoles primaires de la CÉCM participaient au concours annuel de catéchisme de l'archevêque de Montréal. J'y ai été déléguée et j'ai réussi l'examen à 100 %, ex aequo avec une fillette d'une autre école de mon quartier. Nous avons eu droit aux honneurs, de même que nos enseignantes et nos directrices d'école. C'est des mains de Monseigneur Paul-Émile Léger, celui du chapelet en famille — *Je vous salue Marrrie pleine de grrrâces, le Seigneurrr est avec vous...* — que j'ai reçu un prix de cent dollars en échange d'un baiser sur sa grosse bague.

Jeannine Lalonde

Le sandwich aux tomates

Entre la mise en terre des plants de tomates et la récolte, le temps paraissait très long.

Tous les jours, nous passions par le jardin à la recherche de la première fleur jaune, puis de la première tomate verte, minuscule mais réelle. D'autres survenaient, grossissaient petit à petit. Leur vert intense pâlissait, puis un peu d'orangé colorait un fruit. Nous salivions déjà, en pensant à la première tomate mûre. Le jour enfin arrivé, nous la détachions avec précaution pour la transporter d'urgence à la cuisine. Ma grande sœur, experte en la matière, la découpait en tranches très minces. Assez minces pour en faire deux gros sandwichs avec du pain blanc très épais, beaucoup de beurre, de la mayonnaise et du sel, tout ce qu'il fallait pour en rehausser le goût. Chaque enfant avait droit à une bouchée, mais quel délice !

Quelques semaines plus tard, nous ramassions les tomates à la brouette et les rebords des fenêtres en étaient couverts. L'urgence était passée.

Laurent Berthiaume

La rencontre traumatisante

— Maman, maman, j'ai vu le Démon !

— Où ça ?

— Là-bas, dans le foin, près de la grange.

Vite, vite, de toute la force de mes quatre ans, j'entraîne ma mère.

— Je ne vois rien.

— Il était là, je te le dis, « un gros perçant ».

Maman a fini par comprendre qu'en apercevant une petite couleuvre, le « gros perçant », j'étais persuadée d'avoir rencontré le diable. N'était-il pas représenté sous la forme d'un « gros serpent » dans le Grand catéchisme illustré ?

Thérèse Tousignant

Le hamac

Mon oncle avait acheté un hamac. Il y faisait la sieste tous les après-midi d'été, sous les peupliers.

J'ai essayé plusieurs fois de m'y étendre. Pas moyen. J'étais projetée par terre en deux secondes. Par une main invisible.

Le hamac de mon oncle est toujours resté pour moi un attrait et un mystère.

Jeannine Lalonde

Le rire de ma tante

J'habitais la grande maison blanche construite par mon grand-père au début du XXe siècle, alors qu'il surveillait ses attelages de chevaux et les travailleurs affectés au creusage du canal Soulanges. L'écluse numéro trois et le pont tournant voisin faisaient face à notre maison située au fond d'un vallon. Le va-et-vient des bateaux et les messages de leur sirène ont accompagné mon enfance.

En revenant chez moi par le pont, avant même d'apercevoir la Nash noire 1946 de mon oncle garée dans la cour, il m'est arrivé plusieurs fois d'entendre, dès les hauteurs, le rire énorme et claironnant de ma tante. Je pouffais sans savoir pourquoi, c'était contagieux. Et je pouvais jurer que ma mère était en larmes tellement elle riait aussi. Je dévalais alors la pente pour arriver chez moi au plus vite, sauter au cou de la visite et me régaler de l'atmosphère.

Jeannine Lalonde

La chorale des filles

Dès l'âge de huit ans, parce que j'apprenais le piano, j'ai pu faire partie de la chorale des filles de la paroisse Notre-Dame-du-Perpétuel-Secours de Ville-Émard.

J'ai été fort impressionnée par la hauteur du troisième jubé quand j'y suis montée la première fois. C'était lors d'une messe dominicale où les petits faisaient leur première communion. L'organiste m'est apparue comme une magicienne. La sœur de musique comme une grande chef d'orchestre. Moi qui arrivais d'une paroisse de campagne où le vieux chantre faussait allègrement dans une église centenaire au plancher de bois mouvant.

Comble de l'émotion, nous avons entonné :

> C'est le grand jour,
> bientôt l'ange mon frère
> partagera
> son banquet avec moi.
> Des pleurs de joie
> humectent ma paupière.
> Ce n'est plus moi,
> c'est Jésus qui vivra.

Jeannine Lalonde

Les voyages en charrette

Fin juin, nous partions au chalet, une charrette en remorque, débordante de vieux meubles et d'objets utiles pour notre maison d'été. Serrés comme des sardines sur trois bancs, à l'intérieur de la voiture, nous avions très chaud et très hâte d'arriver.

Au retour des vacances, en septembre, la charrette étant vide, mon père nous permettait de nous y installer pour profiter du voyage. Bien assis au fond, agrippés aux ridelles, nous jouissions d'une vue panoramique. Le vent dans les cheveux, nous chantions à tue-tête en saluant de la main les voitures qui nous suivaient ou nous doublaient. Les cahots faisaient parfois décoller nos arrière-trains du plancher, mais nous retombions toujours les fesses sur les coussins apportés pour l'occasion. Papa conduisait lentement et maman nous surveillait du coin de l'œil. Quant à nous, les enfants, nous respections la consigne d'être sages.

Notre arrivée à la maison, rue Bloomfield, ne passait pas inaperçue. Les voisins, sur leur perron, prenaient acte que la famille Berthiaume était de retour.

Laurent Berthiaume

La sœur de musique

La sœur de musique avait souvent mal à la tête. Son local renfermait trois pianos; six enfants pratiquaient en même temps sur chacun, trois avec la main gauche, trois avec la main droite. Les cours s'échelonnaient sur plusieurs heures par jour et les samedis avant-midi.

Pour souligner l'anniversaire de monsieur le curé, la religieuse composait des chants lui souhaitant un ceinturon violet de chanoine. Pour fêter la sœur supérieure, elle nous apprenait des pièces inédites que l'une de nous jouait au piano pendant que les autres chantaient et dansaient. Elle dirigeait la chorale des petites filles à la messe dominicale de neuf heures. Nous apprenions des cantiques de sa composition pour Noël, le mois de Marie, la première communion, les séances de fin d'année. Elle composait des pièces de théâtre en l'honneur de Kateri Tekakwhita ou de sainte Thérèse de l'Enfant-Jésus.

Quand je pense à toutes ces pièces de musique transcrites à la main et polycopiées à des centaines d'exemplaires, une feuille à la fois, en utilisant la méthode de la gélatine...

Jeannine Lalonde

Les ronnes de journaux

Les ronnes de journaux se transmettaient d'un frère ou d'une sœur à l'autre. L'important pour le patron était que les abonnés reçoivent leur quotidien. Quant à nous, se lever très tôt, affronter l'air vif de l'aube et les intempéries, entreprendre une tournée dans les rues de la montagne, nous gardaient en forme. Quand un client se plaignait parce que son journal, lancé du trottoir, n'atterrissait pas devant sa porte, nous n'en avions cure. Ouvrir notre chemin dans la neige jusqu'aux genoux dans des entrées non déblayées refroidissait quelque peu nos ardeurs.

Pendant des années, nous avons parcouru le quartier, tantôt pour *La Presse*, tantôt pour *Le Devoir*, ou pour livrer les deux à la fois. L'argent entrait dans les tirelires et en sortait tout aussi vite.

Laurent Berthiaume

Le bungalow

Début des années soixante, révolution tranquille oblige, l'explosion de la population donne naissance à la banlieue. Des bungalows presque identiques s'alignent à perte de vue. Toit à deux pentes, murs de brique ou de bois enjolivés de fenêtres en aluminium. Sur le perron de béton, une main courante en fer forgé conduit à une allée asphaltée. Des clôtures ou des haies séparent les propriétés.

À l'intérieur, règne un modernisme total. Dans la cuisine, autour d'une table en stratifié, des chaises aux pattes chromées. Au salon, un mobilier de style espagnol, colonial ou scandinave sur un tapis mur à mur. Un fauteuil à bascule et un cendrier sur pied font face à une grosse télé. Un corridor sépare les chambres des pièces communes. Au fond, une porte donne accès au sous-sol fini, lieu de tous les plaisirs, impossible à imaginer sans un bar bien garni et une chaîne stéréo.

Moi, je continuais à vivre dans la maison ancestrale où mon père était né. Rampes et planchers de bois, poutres au plafond, vitraux, armoires anciennes, cave et grenier. Comme je nous trouvais démodés !

Marie Ginette Dagenais

La grille

Une ouverture grillagée dans le plafond de la salle à manger de notre maison donnait dans ma chambre à coucher. J'ai soupçonné son utilité vers l'âge de six ans, quand j'ai commencé à me poser des questions sur l'existence du Père Noël.

Le 24 décembre, on m'avait envoyée au lit à l'heure habituelle en me promettant de me réveiller pour la messe de minuit. J'ai passé la soirée, à plat ventre sur le plancher, à écouter les bruits de papier, les murmures et les chuchotements, et à épier les déplacements autour de l'arbre de Noël. J'ai même conclu qu'on déverrouillait la porte avant, celle de la grande visite. Seuls les étrangers, les agents d'assurance et monsieur le curé l'empruntaient. Le Père Noël allait-il arriver par là? Cela prouverait son existence.

Mes parents ne l'ont jamais su, mais la grille, utile pour laisser monter la chaleur du premier au deuxième étage, m'a permis de les espionner pendant des années.

Jeannine Lalonde

L'opération

Mon opération pour l'ablation des amygdales et des adénoïdes s'est déroulée à la maison, sur la table de cuisine en arborite bariolé vert. Je ne me sentais pas brave dans ma petite jaquette rose et mes chaussettes blanches. À l'aide d'un anesthésiant, le docteur m'a plongée dans un rêve bizarre où j'apercevais la mer qui clapotait derrière une clôture Frost. La scène a basculé d'un coup.

Après l'opération, je me suis réveillée dans le grand lit de ma tante, entourée de liasses de vieux journaux, car le médecin lui avait dit que j'allais vomir du sang. Comme la catastrophe annoncée ne se produisait pas, ma tante a rangé les journaux. Puis, tel que prédit, j'ai vomi sur le couvre-lit. J'étais désolée.

Aucune réprimande n'a suivi. J'ai plutôt eu droit à la crème glacée et au *Jell-O* pendant deux jours.

Jeannine Lalonde

Les beaux dimanches

Dans notre village, certains dimanches, on organisait des soirées d'amateurs à la salle paroissiale. Mes parents y participaient activement. Papa les animait et chantait. Maman dénichait des accessoires, préparait des mises en scène, accompagnait au piano. Plusieurs chansons devenaient saynètes. Je me souviens du *Pantalon long* de Lionel Daunais, qui raccourcissait de couplet en couplet, de la chanson *Les Quêteux* où, en guise de poulet, on avait plumé un chapeau démodé.

Nous avions autant de plaisir à épier les répétitions, souvent tenues dans notre salon, qu'à assister au spectacle. Mais le plus palpitant des préparatifs, c'était la fabrication, le jour même, de chips maison, qu'on vendait au profit de la paroisse. Maman pelait, lavait et coupait les patates à la moulinette. Papa les faisait frire, et nous, les enfants, les salions et les placions dans des sacs de papier brun. Privilège suprême, nous en mangions avant tout le monde, à satiété.

Thérèse Tousignant

Le ketchup vert

Avant les premières gelées d'automne, en vidant le potager, nous récoltions plusieurs caisses de tomates trop vertes pour mûrir. Maman sortait sa grosse marmite et toute la famille participait à la fabrication du ketchup vert. Lave les tomates, coupe en tranches minces. Épluche et coupe les oignons : nous nous relayions à cette tâche pour pleurer chacun notre tour. Un rang de tomates, un rang d'oignons, un rang de gros sel : la marmite pleine à ras bord, le tout marinait pendant la nuit. Le lendemain, après avoir éliminé la saumure et bien rincé, nous ajoutions, coupés en menus morceaux, poivrons, pommes pelées, chou-fleur, céleri, et j'en oublie... Pour terminer, du vinaigre et du sucre en quantité, et un sac d'épices cousu par ma mère. À feu doux, la cuisson prenait la journée, en même temps qu'un arôme incroyable envahissait la maison. En soirée, nous répartissions le ketchup encore brûlant dans des pots stérilisés que nous scellions avec de la cire fondue.

Il ne manquait que les tourtières du temps des Fêtes.

Laurent Berthiaume

Les jours de congé

Le calendrier catholique romain déterminait les jours de congé scolaires.

Nous commencions l'école le lendemain de la Fête du travail, jour profane en soi et marquant le retour à la ville des familles qui passaient l'été à la campagne. À l'Action de grâce, on fermait le chalet; à la Toussaint, on partageait les bonbons de l'Halloween. Le 8 décembre, dédié à l'Immaculée-Conception, nous honorions la Vierge Marie.

Les vacances de Noël s'échelonnaient du 23 décembre au lendemain de l'Épiphanie, jour du pois et de la fève dans la galette des Rois. Malgré le rappel de la Passion et les offices religieux de la semaine sainte, nous profitions de cinq beaux jours de jeux printaniers et, à Pâques, les filles étrennaient un chapeau de paille. Avions-nous congé à l'Ascension ou à la fête de la Reine devenue fête de Dollard?

Nous rêvions ensuite aux baignades, aux randonnées en vélo et aux manèges du Parc Belmont en attendant les grandes vacances d'été qui commençaient à la Saint-Jean.

Jeannine Lalonde

Les foins

Avec mes grands frères et mes grandes sœurs, nous avions érigé une montagne de foin au pied du balcon de notre maison de campagne. Nous allions sur la galerie du deuxième étage et nous nous élancions dans le tas de foin. J'en avais plein la bouche et les oreilles...

Et c'est comme ça que j'ai commencé à souffrir de la fièvre des foins. J'avais sept ans...

Laurent Berthiaume

Les gâteaux maison

Mes sœurs apprenaient des recettes de cuisine à l'école et nous les enseignaient à la maison. C'était le partage des tâches et l'égalité des sexes avant la lettre. J'ai appris à confectionner des gâteaux à la vanille, au chocolat et aux épices: le même mélange, sauf les derniers ingrédients. Si nous battions trop la pâte, le gâteau devenait massif; pas assez, il levait de travers. Mon frère, qui adorait le sucre, comblait alors les dénivellations avec du glaçage, une autre recette que nous maîtrisions. Il laissait un repère sur le gâteau pour retracer la portion la plus sucrée.

Nous aimions aussi le gâteau des anges, à l'orange, aux fruits, roulé à la confiture, renversé aux ananas... mais je n'ai pas appris à les préparer. Mon préféré restait le gâteau chômeur. Au fond du moule, la cassonade se transformait en tire qu'il fallait réchauffer avant de la gratter. Avec un verre de lait, c'était divin.

Laurent Berthiaume

Le premier jardin

Un samedi matin de printemps, mon père m'amène au fond de la cour. Je l'aide à sortir les outils de jardinage de la remise. Il sifflote, joyeux. L'œil attentif, je l'observe. Un genou au sol, il enfonce un bout de bois dans la terre avec un marteau. Il me lance une bobine de corde blanche, me demande de la dérouler en reculant et place un deuxième piquet en ligne droite. Puis, du revers de sa bêche, il trace un étroit sillon sur toute la distance. Papa me remet des sachets illustrés de laitues, de betteraves, de radis... J'ai peine à imaginer que des légumes se cachent à l'intérieur. Il m'explique les étapes de la croissance des plantes. Je n'ai qu'à déposer les graines les unes derrière les autres et à les recouvrir d'une mince couche de terre. À la fin de chaque rang, je cours placer l'enveloppe sur les bâtonnets. Nous arrosons le sol, juste assez pour réveiller le germe sans le noyer.

Le soir, me serrant dans ses bras, papa déclare à maman que sa fille et lui forment une bonne équipe.

Marie- Ginette Dagenais

Le fort de glace

Un hiver, mes grands frères avaient décidé de construire un fort dans la cour. Tempête après tempête, toute la neige servait à ériger une tour plus haute que le garage. À l'intérieur, une échelle permettait d'accéder au deuxième palier. Pour ajouter au plaisir, on avait récupéré les sapins de Noël du voisinage et créé une forêt en ville.

À la fin du printemps, il n'y avait plus de neige nulle part, sauf dans notre cour où le château n'en finissait plus de fondre. On a même essayé de brûler les sapins pour hâter son départ. Rien n'y fit. Je crois que l'été était déjà arrivé quand les derniers blocs de glace ont fini par disparaître.

L'hiver suivant, on s'est contentés d'une immense glissoire de neige qui partait du fond de la cour et qui nous entraînait jusque dans la rue.

Laurent Berthiaume

Le petit Jésus de Prague

La procession au petit Jésus de Prague était-elle une cérémonie mensuelle exclusive à notre école primaire? Tous les élèves déambulaient en procession dans les corridors à la suite d'un enfant Jésus couronné d'or, couvert d'un manteau rouge bordé d'hermine. Une grande de septième année portait la statue de plâtre d'un pied de hauteur; plusieurs autres tenaient des rubans délicats reliés à l'objet de notre vénération.

Le but de cette procession, des prières et des litanies: invoquer la miséricorde de Dieu pour les péchés mortels commis pendant le dernier mois. La liste était longue.

J'ai toujours cru que nous implorions le pardon pour les manquements commis par les élèves de l'école, mais peut-être était-ce pour les fautes graves du monde entier. De toute façon, je tâchais de m'en tenir aux péchés véniels. Je me sentais légère et je priais pour les autres.

Jeannine Lalonde

Le petit coin

Grand-mère arrive au vingtième siècle... avec cinquante ans de retard. Elle n'a plus rien à envier à ses enfants. Dans sa maison, sur un rang de campagne, on vient de lui installer une toilette. En porcelaine ! Avec chasse d'eau ! Elle montre fièrement l'innovation à toute la famille. On est vraiment heureux pour elle. Et pour nous aussi, la visite. La cuvette est coincée sous l'escalier, dans un cagibi reconverti. Assis, on est à l'aise. Debout, il faut pencher la tête. Pour grand-mère, ça va, elle ne fait pas cinq pieds.

Son frère, vieux garçon, garde ses habitudes : sa bécosse au bout de la grange. C'est là qu'il prend la mesure du temps et planifie sa journée. Son potager à entretenir, sa terre à bois à nettoyer, ses outils à protéger contre la rouille.

À chacun son petit coin.

Laurent Berthiaume

L'équipe de baseball

Même si j'étais plus jeune que tous les autres, on m'a admise dans l'équipe de baseball des petits voisins, garçons et filles de douze ans et moins.

On a adopté des règles différentes uniquement pour moi. Parce que je ne courais pas vite et que je ne frappais pas très fort, quand c'était mon tour, le lanceur se rapprochait, on diminuait la distance jusqu'au premier but et j'avais droit à un nombre supérieur de prises au bâton. Les amis voulaient que je réussisse à frapper la balle et à courir, comme les autres. Pour ce qui est des points... je ne me souviens pas être revenue au marbre une seule fois.

À bien y penser, le plus important était de faire partie de l'équipe.

Jeannine Lalonde

Les enfants de chœur

Dès la troisième année, l'école nous enrôlait comme enfants de chœur. Dans un vestiaire de la sacristie, nous disposions de soutanes à notre taille — une noire pour les dimanches ordinaires et une rouge pour les grandes fêtes — ainsi que d'un surplis blanc. À la grand-messe, précédés du thuriféraire, nous avancions vers l'autel, deux par deux, par ordre de grandeur. Après une génuflexion et un salut, les colonnes se dirigeaient vers les bancs de chaque côté du chœur. Le prêtre et les servants de messe fermaient la procession. Un frère surveillait notre tenue et synchronisait nos gestes tout au long de la célébration. À la communion, nous quittions nos bancs et y revenions à la queue leu leu.

Au jubé, la chorale des hommes accompagnait le célébrant de ses chants et répons en latin. Incompréhensible mais céleste. Les enfants de chœur les plus doués pour cette langue mystérieuse devenaient servants de messe l'année suivante. À dix sous la messe, nous accumulions de petites fortunes.

Laurent Berthiaume

Les vêtements

Mes parents choisissaient pour moi des vêtements qui ne me plaisaient pas toujours. Rien à dire, ils décidaient.

Je me souviens des *rainettes*, ces couvre-chaussures transparents qui jaunissaient à l'usage. Pour en rajouter, parce qu'une écolière avait pris une de mes bottes par mégarde, on m'a imposé d'en porter deux dépareillées. Je me sentais ridicule.

L'hiver, je devais porter une camisole sous ma blouse jusqu'à je ne sais plus quel âge. Beige à ramages mauves, comme les combinaisons d'hiver des hommes. Je l'enlevais en catimini avant de quitter la maison et la rangeais dans mon sac d'école. Jusqu'à ce qu'un jour, une grosse tache d'encre bleue sur le vêtement haï révèle mon crime.

Jeannine Lalonde

Le pneu crevé

L'été, nous partions souvent en pique-nique, le dimanche. Maman préparait un énorme panier de nourriture pour la journée : sandwichs, limonade, légumes, fruits... Et nous allions à l'aventure dans des contrées inconnues, sur des routes secondaires et poussiéreuses. L'auto se comportait vaillamment dans les pentes et dans les courbes, jusqu'à l'immanquable crevaison. Curieux, nous assistions à l'installation du pneu de secours, que mon père effectuait de main de maître. Et le voyage se terminait de façon heureuse.

Je me suis souvent demandé ce que nous aurions fait si un deuxième pneu avait crevé. Question inutile. Cette situation ne s'est jamais présentée et personne ne semble s'en être inquiété, à part moi.

Laurent Berthiaume

Le péché mortel

En deuxième année, alors que j'avais été surpris en flagrant délit de dissipation avec un copain à l'église, le surveillant m'avait vertement ramené à l'ordre. Informé de mon inconduite, mon professeur n'avait eu d'autre choix que de me punir. À l'entendre, j'avais commis un péché mortel. À genoux à l'avant de la classe, face au tableau, j'ai passé l'avant-midi à me creuser la tête. Je ne comprenais pas pourquoi j'étais le seul en punition puisque nous avions été deux à nous tirailler.

Le mois suivant, je me suis confessé de ma faute, toujours étonné d'avoir frôlé l'enfer.

Laurent Berthiaume

Le collège

Deux de mes grands frères avaient fréquenté le Collège Stanislas, un établissement français qui dispensait un cours classique d'excellente réputation. À la fin du primaire, mon père m'y envoya, même si les Clercs de Saint-Viateur venaient d'ouvrir un externat classique tout près de chez nous. Un mille à pied, beau temps mauvais temps, quatre fois par jour, une valise pleine de gros livres et de cahiers au bout du bras, j'ai appris à marcher vite et je me suis forgé des muscles. La plupart de mes professeurs, Français d'origine, exigeaient rigueur et discipline. Tous les élèves frayant dans le même moule, personne ne s'en plaignait.

Les années passent, les muscles fondent, mais le goût du savoir persiste.

Laurent Berthiaume

Les prix de fin d'année

Le dernier jour d'école, nous recevions notre bulletin et des prix de fin d'année des mains de Monsieur le curé. Des livres, la plupart du temps, quelquefois des raquettes de badminton. Les premiers de classe sortaient de l'école avec une grosse pile de romans du terroir, des vies de saints, des livres d'histoire et des essais ; les derniers se contentaient d'une ou deux plaquettes. C'étaient nos lectures d'été.

J'y ai découvert la littérature québécoise de l'époque, de même que des coutumes de chez nous et des personnages historiques incontournables.

Jeannine Lalonde

L'emploi de chantre

Quand j'avais treize ou quatorze ans, le chantre de ma paroisse est entré à l'hôpital pour y subir une grosse opération. Je ne sais ni comment ni pourquoi, on m'a demandé de le remplacer. Cinq messes tous les matins, en grégorien. Il fallait pédaler. Heureusement que, déjà servant de messe, tous les airs m'étaient familiers, *Kyrie eleison* et compagnie. Mais j'étais loin d'être aussi rapide que le titulaire qui comptait des années d'expérience.

À un enterrement où je n'en finissais plus de chanter une pièce funèbre en lecture à vue, j'ai sauté quelques versets pour éviter que le prêtre perde patience. Il s'en est aperçu et m'en a fait le reproche après la cérémonie. Gentiment. Il avait été missionnaire en Chine, et il en avait vu d'autres.

Laurent Berthiaume

Les dix ou les douze

Nous étions dix enfants quand maman a décidé que c'était assez. Papa visait la douzaine, mais il s'est incliné. Il n'en finissait plus d'agrandir la maison à mesure que la famille grossissait. La table de cuisine, rallongée deux fois, avait une cinquième patte.

Les bancs étaient trop courts, les lits comptaient maintenant deux étages... On faisait la queue pour les toilettes, pour le bain ou pour se brosser les dents.

Les voisins nous donnaient des vêtements ou des jouets usagés. L'épicier nous offrait ses surplus. Nous allions directement à la manufacture chercher des boîtes de biscuits ou de gâteaux imparfaits ou encore des chaudières de confiture. Bien sûr, maman préparait des conserves avec les légumes du potager et papa fabriquait son vin. La chambre froide se remplissait à l'automne et nous approvisionnait jusqu'au printemps.

Nous mangions toujours à notre faim, mais il fallait vider son assiette en l'essuyant avec du pain pour mériter un dessert. C'était le règlement et personne ne le contestait.

Laurent Berthiaume

L'école primaire

Jouer tout mon saoul, apprendre mes leçons, dire mes prières, rapporter un beau bulletin à la maison et mériter la médaille d'honneur sont les activités qui m'ont occupée à temps plein pendant mes années d'école primaire.

Aussi, éviter à tout prix le qualificatif déshonorant de la part de mes compagnes de classe, l'insulte suprême de l'époque qui pouvait tomber pour la moindre vétille : « Niaiseuse ! »

Jeannine Lalonde

La corne de brume

À la campagne, nous possédions une grande propriété. Et les terrains vagues, tout autour, s'ajoutaient à notre espace de jeu. Explorer la rive du Saint-Laurent, grimper au sommet des arbres pour découvrir d'autres horizons, suivre les sentiers tracés par les animaux sauvages... chaque nouvelle aventure élargissait notre univers.

La faim nous ramenait à la maison à l'heure des repas. Si on l'oubliait, papa sortait sa corne de brume. Une corne de bœuf munie d'un sifflet. Au signal convenu, trois vrais coups de sirène, nous rappliquions en vitesse. Tout le voisinage était au courant que c'était le moment de se mettre à table.

Le curé n'avait pas autant de succès avec son angélus.

Laurent Berthiaume

La leçon de conduite

Très jeunes, nous apprenions à conduire l'automobile de papa. Le premier critère n'était pas l'âge mais la longueur des jambes. Embrayer sans que le moteur s'étouffe, changer de vitesse en douceur, voilà un art que nous maîtrisions à force de patience.

Je quittais l'allée de la maison en première, empruntais prudemment la rue sur quelques mètres pour me retrouver dans la cour d'école à l'arrière de chez nous. Immense, déserte pendant les vacances, elle était le terrain idéal pour s'entraîner. Avancer en ligne droite, changer de vitesse, virer, reculer, stationner... À douze ans, je conduisais avec bonheur, sous l'œil vigilant de mon père posté de l'autre côté de la clôture.

Pour affronter la circulation, le premier critère n'était plus la longueur des jambes mais l'âge. Il m'a fallu attendre quelques années pour obtenir mon permis et posséder ma première voiture.

Laurent Berthiaume

Le partage

À mon huitième anniversaire, ma mère m'a offert tout un cadeau : une boîte de vingt-quatre crayons *Prismacolor*. J'étais folle de joie ! J'ai passé la journée à la contempler et à la caresser. Personne ne pouvait s'approcher de mon arc-en-ciel. Je me suis endormie avec ce trésor dissimulé sous mon lit.

Le lendemain, j'ai déjeuné seule, ma sœur était malade. Sa voix éraillée me réclamant, je me suis rendue à sa chambre, la boîte sous le bras. Ma mère m'a remis un aiguisoir et deux cahiers à colorier. Je n'avais pas le choix, il fallait partager. Sous le regard attentif de ma cadette, j'ai sorti les crayons de leur présentoir de velours. Avec précaution, je les ai fait tourner un à un contre la lame. À chaque nouvelle entaille, je tremblais, de peur de les abîmer.

Vers la fin de l'avant-midi, les pointes arrondies de mes crayons valsaient sur nos chefs-d'œuvre.

Marie-Ginette Dagenais

Le joli mois de mai

En mai, tous les soirs de la semaine, nous célébrions le mois de Marie à l'église paroissiale. Au programme, récitation du chapelet, salut au Très-Saint-Sacrement et cantiques dédiés à la Vierge.

Aussitôt que la chorale des filles entonnait, bien haut, le chant de clôture *C'est le mois de Marie, c'est le mois le plus beau*, les jeunes et les moins jeunes se précipitaient vers la sortie, le nez en l'air, en quête d'une soirée douce du presque été. On revenait à la maison en faisant des détours ou en s'attardant ici et là. Les pivoines bourgeonnaient, les lilas embaumaient. Ça sentait déjà les examens de fin d'année et les grandes vacances.

Jeannine Lalonde

La gomme balloune

Cette histoire inracontable commence devant notre maison, au pied d'un immense érable argenté. Entre deux racines, j'avais trouvé une énorme gomme à mâcher. Avec de l'eau et du savon, je l'ai débarrassée de sa gangue de saletés et j'ai commencé à la mastiquer. Mes deux jeunes frères, qui avaient participé à la découverte, ont voulu leur part. Plutôt que de la séparer en trois, nous l'avons mâchée à tour de rôle, jouant à qui réussirait la plus grosse balloune. Malgré la salive et l'ardeur de la mastication, la gomme a pris du temps à se ramollir et le concours n'a pas eu grand succès. De guerre lasse, nous l'avons remise à sa place, au pied de l'arbre, à la disposition d'un futur consommateur...

C'était notre première gomme balloune, mais c'en était toute une.

Laurent Berthiaume

Les fraises des champs

Mon père était réputé excellent cueilleur de fraises. Ma mère prétendait le battre à tout coup. Chacun son style : lui choisissait les plus grosses fraises tout en se déplaçant ; elle écrémait tous les plants de petits fruits autour d'elle. C'est ce qu'ils m'avaient raconté.

Un samedi, pour la première fois je devais les accompagner là où les fraises des champs poussaient en quantité, la coulée à Moreau. Mais quelques corvées restaient à terminer. Ma mère lavait la galerie ; il fallait qu'elle soit toujours rutilante de propreté. Mon père peinturait une fenêtre du deuxième étage. Impatiente, je les attendais en me promenant, le chapeau de paille sur la tête, un récipient de miel vide au bout du bras. Soudain, j'ai aperçu maman étendue près du seau d'eau. J'ai crié. Papa est descendu de l'échelle à toute vitesse. Ma mère venait de faire une thrombose cérébrale.

Je ne suis jamais allée cueillir de fraises des champs avec mes parents. Ces petits fruits gardent pour moi un goût amer.

Jeannine Lalonde

Les séances

Le problème, quand on a des grandes sœurs, c'est qu'elles veulent toujours nous intégrer à leurs jeux de filles. Mes frères et moi préférions bâtir des cabanes. Les jours de pluie, nous trouvions parfois un terrain d'entente. Avec les bancs de la cuisine, nous construisions des maisons, ou encore des bateaux. Ma sœur aînée en profitait pour monter des séances. Aujourd'hui, on dirait des opérettes. *Il était un petit navire*, chanté sur un échafaudage de bancs empilés jusqu'au plafond, dans une mise en scène bien fignolée, devenait un mélodrame très réaliste. Nous savions fort bien chanter. Nos parents, installés dans des fauteuils confortables, se permettaient quelques minutes de repos pour apprécier le spectacle, avant de nous demander de tout remettre en place pour le souper.

L'abbé Gadbois aurait été surpris de constater comment ses « bonnes chansons » animaient notre grande maison.

Laurent Berthiaume

La dictée

Dans ma vie d'écolière, l'heure de la dictée était le moment le plus redouté de la journée. La tête penchée sur mon cahier, j'écrivais les phrases ponctuées par l'enseignante. Elle allait et venait entre les rangées de pupitres. Le bruit saccadé de ses talons hauts sur le terrazzo résonnait dans mes oreilles. De temps à autre, elle tapait avec sa règle de bois sur le couvercle incliné d'un bureau, pour corriger un indiscipliné. Puis, de sa voix monocorde, elle reprenait la phrase inachevée.

J'avais hâte d'entendre le mot « fin ».

Marie-Ginette Dagenais

Le dortoir du cinquième

Une structure tubulaire divisait l'immense dortoir du cinquième en trois rangées de vingt cellules. Chacune d'elles contenait un lit simple, une chaise et un chiffonnier. Des deux côtés de la porte d'entrée, de grandes sections de cases en bois séparées par quelques lavabos s'adossaient au mur. On y rangeait nos uniformes, tuniques marine et blouses blanches, et, sur une tablette, de la literie supplémentaire.

Le soir venu, chaque pensionnaire fermait les rideaux blancs attachés aux quatre coins de sa cellule et se préparait pour la nuit en toute intimité. À vingt et une heures, les lumières s'éteignaient. Quelques rires, quelques chuchotements, parfois des sanglots, puis le silence.

À l'aube, après un court pèlerinage aux « cabinets Saint-Joseph », vite se brosser les dents, s'habiller, refaire son lit et replacer im-pec-ca-ble-ment les rideaux à plis plats. Se coiffer d'une mantille ou d'un béret, descendre ensuite à la chapelle du troisième pour la messe. Le dortoir resterait désert jusqu'à la fin du jour.

Thérèse Tousignant

Le costume des sœurs

Dans mon village, au cours des années cinquante, l'enseignement était assuré par des religieuses dont la résidence était adjacente à l'école. Elles portaient toujours le même costume : longues robes noires, collerettes et cornettes empesées d'un blanc immaculé, crucifix au cou, chapelets à la taille. Seules leurs figures et leurs mains étaient visibles. Toute petite, j'étais persuadée qu'elles formaient une race à part : elles étaient nées ainsi et n'enlevaient jamais leurs vêtements, pas même pour dormir. Bien sûr, elles n'avaient pas de cheveux.

Le scandale est arrivé pendant ma première année. En pleine classe, sœur Rose de l'Immaculée a sorti un mouchoir d'une poche dissimulée dans les plis de son vêtement et... s'est mouchée ! Elle avait le rhume ! J'étais perplexe. Quelques jours plus tard, comble de la désillusion, sœur Marie-Jacynthe est entrée en classe pour nous annoncer qu'elle remplaçait notre titulaire, hospitalisée d'urgence pour une appendicectomie. Hein ! Une sœur à l'hôpital ! Inimaginable !

Thérèse Tousignant

Les billes

Pendant le long congé de la Semaine sainte, on sortait avec fébrilité le sac de marbres pour jouer sur la terre battue, à peine dégelée. Des billes à torsades multicolores, des anciennes en grès terne héritées des parents, et des très grosses qu'on appelait boulots. Ceux-ci valaient cinquante billes normales; on ne les utilisait que pour les coups qu'on était certain de gagner, sinon on les perdait et on pleurait. Si la bille lancée sur le mur allait en toucher une autre déjà en jeu, on remportait la cagnotte. Une variante du jeu consistait à viser un trou éloigné de plusieurs mètres. Pour joueurs expérimentés seulement.

C'était un jeu mixte, pour garçons et filles. Et plutôt dévastateur: on pouvait perdre beaucoup en peu de temps. Certains y ont toutefois appris et perfectionné de grandes habiletés de troc et de négociation.

Jeannine Lalonde

Le Noël des petits oiseaux

À l'automne de ma première année, la religieuse s'était mise en tête de nous apprendre *Le Noël des petits oiseaux*. Dans ma famille, tout le monde chantait. Au retour de l'école, je claironnais de nouveaux airs tous les jours, parfois accompagné au piano. Les cahiers de *La Bonne Chanson* n'avaient plus de secrets pour moi. En classe, l'exercice devenait plus ardu. Plusieurs élèves faussaient et cela dérangeait l'enseignante. Je n'ai pas eu de difficulté à mémoriser son *Noël des oiseaux* et j'ai dû attendre que les autres parviennent à le chanter convenablement. Combien de fois l'ai-je répété en solo, à la visite de l'inspecteur et à bien d'autres occasions !

Mais c'est à la maison que j'y ai pris le plus de plaisir. C'était devenu mon chant de Noël.

Laurent Berthiaume

La quête à la paroisse

Un jour, je suis devenu quêteur à la paroisse, en équipe avec deux autres garçons et un adulte. Une première quête au début du sermon, pour les places de banc. Quinze sous exactement, et il fallait remettre la monnaie. À l'offertoire, une deuxième quête servait à recueillir les aumônes. Dans la sacristie, nous comptions l'argent et préparions le dépôt pour la banque : les pièces de monnaie en rouleaux et les billets en liasses. Aux messes de onze heures et de midi, nous servions également de placiers. Bien en vue au milieu de chaque allée, nous repérions les sièges libres et, sans égard pour les personnes qui auraient préféré prendre leurs aises, nous invitions les gens debout à l'arrière de l'église à venir combler les places. Ma timidité surmontée, j'affrontais les regards sans faiblir.

Pendant plusieurs années, j'ai travaillé à cinq dollars par dimanche, puis j'ai démissionné. Dorénavant, je chantais dans la manécanterie du collège.

Laurent Berthiaume

Le réfectoire

Au deuxième étage du pensionnat, le réfectoire pouvait accueillir plus de cent élèves. Chacune disposait son couvert personnel à sa place attitrée. Une religieuse apportait les plats de nourriture au centre des tables et nous nous servions à volonté. Certains mets disparaissaient rapidement, comme le bœuf braisé, les *sloppy joes* ou les côtelettes de porc, alors que la sauce blanche aux œufs durs et le poisson du vendredi figeaient sur place. Après les repas, il fallait laver, essuyer et replacer les assiettes et les ustensiles.

À la collation de seize heures, une surveillante distribuait, selon les jours, pommes, bananes ou oranges, tartines à la confiture ou à la mélasse, ou encore des biscuits et un verre de lait.

Sur les murs latéraux du réfectoire, des portes étroites dissimulaient des planches à repasser. Pour presser les uniformes. Le samedi.

Thérèse Tousignant

Les cadeaux de Noël

Comme nous étions une grosse famille, nos parents n'avaient pas les moyens de nous faire des cadeaux aux Fêtes. Une voisine charitable nous donnait parfois les vieux jouets de ses enfants. Toujours de belles surprises. Chacun trouvait quelque chose à son goût.

Une année, j'avais peut-être neuf ans, j'ai reçu *Vingt mille lieues sous les mers*, tome I. J'ai passé la journée de Noël tranquille dans un coin, à dévorer le livre d'une couverture à l'autre. C'est bien plus tard que j'ai lu le tome II, découvert je ne sais où.

Laurent Berthiaume

Le Jardin botanique

Mon père avait une grande admiration pour le frère Marie-Victorin. L'été, il nous amenait visiter son Jardin botanique à Montréal. Chaque fois, je revoyais avec plaisir les immenses plates-bandes d'œillets d'Inde, à l'entrée. Leurs couleurs chaudes et surtout leur lourd parfum m'enivraient. Aucune autre odeur ne s'imposait avec autant de force. Venaient ensuite les carrés de fines herbes, de plantes potagères, médicinales... Les arbres et arbustes nous accompagnaient allègrement, en bordure des allées, épuisés que nous étions par notre marche sous le soleil de juillet. Nous terminions notre périple dans les immenses serres de plantes tropicales.

Aujourd'hui, je cultive des œillets d'Inde ou tagètes sur ma galerie, à la belle saison. Je plonge mon nez dedans et je retrouve le magnifique Jardin de mon enfance. Il m'arrive même d'ajouter leurs pétales à mes salades. Une autre façon de prolonger le plaisir.

Laurent Berthiaume

Le visage de ma mère

Un des pires souvenirs de ma jeune vie fut d'apercevoir ma mère grimée, peignée autrement qu'à son habitude et bizarrement attifée. Elle reposait dans son cercueil au milieu de notre salon. J'avais six ans. Ma mère n'avait jamais eu cet air artificiel. Je ne la reconnaissais pas.

Quand je mourrai, ma meilleure photo, un rappel de beaux moments de ma vie, une prière, un chant, rien de plus. Paix aux endeuillés !

Jeannine Lalonde

Les grands explorateurs

Nous étions jeunes et braves. Un jour, après dîner, mes deux frères et moi sommes partis en chaloupe faire le tour de l'île Sainte-Thérèse, en face de Pointe-aux-Trembles. Nous en rêvions depuis des semaines. Munie de deux paires de rames, entraînée par le courant, l'embarcation avait rapidement atteint l'extrémité est de l'île. L'après-midi commençait à peine. Après une heure à nous faufiler entre les îlots, nous sommes parvenus de l'autre côté de la grande île, là où les transatlantiques naviguent. Le reste de l'après-midi, partagés entre la joie de la découverte et la crainte de ne pas revenir à temps à la maison, nous avons remonté le courant en affrontant les grosses vagues provoquées par le passage des navires. Arrivés à la pointe ouest de l'île, en territoire connu, nous avons aperçu le quai de départ, de l'autre côté du fleuve.

Fatigués mais heureux, nous sommes rentrés pile pour le souper, racontant à nos parents le « petit tour de chaloupe » sans entrer dans les détails, pour ne pas les inquiéter.

Laurent Berthiaume

Le quêteux

Un jour, un homme bien bâti et proprement vêtu se présenta à la porte arrière de notre maison. Prétextant la faim, il demanda un sandwich au jambon. Considérant ses douze bouches à nourrir et son budget serré, ma mère l'avait trouvé effronté. Elle lui en avait quand même préparé un énorme au fromage qui aurait fait l'affaire de plusieurs d'entre nous tellement il était gros. Après un merci poli, l'homme repartit avec son lunch enveloppé dans du papier ciré. À l'abri des regards, croyait-il, il développa le paquet pour constater que ce n'était pas ce qu'il espérait. Avisant une poubelle, il s'en débarrassa discrètement. Pas assez pour échapper au regard inquisiteur de ma mère qui s'en trouva insultée. Elle avait fait de son mieux pour lui préparer quelque chose d'appétissant, et voilà que son quêteux faisait la fine bouche. Affamé ou pas, il avait beau jeu, dans notre quartier, pour attendrir des gens mieux nantis que nous. Quant à ma mère, elle avait « pris son portrait », comme on disait souvent dans notre famille.

Laurent Berthiaume

L'arrivée au pensionnat

Nous arrivions au pensionnat d'Amos la veille de la rentrée, avec une grosse malle. On nous présentait à la directrice des études qui nous faisait visiter les classes, et à la directrice de discipline qui nous conduisait au dortoir. Pendant que nos parents rencontraient la sœur économe pour régler les frais de pension et de scolarité, nous complétions notre installation sommaire et rencontrions nos voisines de cellule. Jusqu'aux vacances de Noël, nous serions confinées dans cet édifice impressionnant de cinq étages, et dans sa cour aux heures de récréation. Les samedis après-midi, grand privilège, nous serions autorisées à faire une promenade sur la rue principale. À la file, deux par deux, en uniforme. Et, bien sûr, accompagnées d'une religieuse.

Pour les têtes fortes, le Pensionnat Sainte-Marie (PSM) devenait la Prison sans merci...

Thérèse Tousignant

La rage de lire

Au plus fort de ma crise de lecture, au collège, je dévorais un bouquin par jour ou presque. J'avais entrepris de lire la collection *Belle-Humeur*, des récits d'aventures pour ados. Tous mes temps libres y passaient, au détriment de mes obligations scolaires et familiales. Une fois, j'avais dissimulé un roman à l'intérieur d'un cahier pendant la période d'étude. Le surveillant avait vite découvert le subterfuge. Conséquences : perte de points de discipline et confiscation du volume jusqu'à la fin de l'année.

Fidèle à sa promesse, le professeur m'a remis mon livre le dernier jour de classe. Je ne l'ai jamais terminé. L'histoire était devenue sans intérêt. Ma rage de lecture s'était quelque peu calmée et mes goûts avaient changé au contact des grands classiques.

Laurent Berthiaume

Les bonbons à la cenne

Les bonbons à la cenne faisaient mes délices. Les choisir constituait une grande part du plaisir.

Quelques sous noirs nous donnaient accès à une myriade de sucreries. Lunes de miel, boules au beurre, boules noires, bâtons de réglisse rouge ou noire, outils chocolatés, « bananes » à l'essence artificielle, mini-boîtes de gommes à mâcher *Chiclets*, pilules multicolores, boules au coco, poissons à la cannelle, gommes ballounes *Bazooka*, hosties au caramel, « bâtons forts », pipes de réglisse noire au fourneau rouge, « négresses », sacs de miettes de chips, cornets miniatures à l'érable...

Dire que les dentistes n'utilisaient aucun anesthésiant pour plomber nos dents !

Jeannine Lalonde

La pilule

Mon grand frère, étudiant en médecine, apportait souvent des échantillons de médicaments à la maison. Un samedi matin de printemps, j'ai confondu une capsule de vitamines avec un soporifique de même apparence qu'il avait laissé sur la table. Réalisant mon erreur et sur son conseil, je suis allé me coucher le temps que l'effet de la drogue se dissipe. Mais cela torpillait mes projets. À moitié endormi, je me suis relevé, rhabillé, et suis parti avec mes deux jeunes frères escalader le mont Royal. Pendant plus de deux heures, j'ai marché en automate, la tête lourde et l'esprit embué. Sous un soleil éclatant et par une température douce, accompagnés par la musique de l'eau cascadant entre les arbres, nous avons remonté le cours d'un ruisseau jusqu'à sa source. À force de combattre le sommeil et l'exercice physique aidant, les effets du médicament se sont estompés. Tout à fait ragaillardi, je suis rentré à la maison pour dîner.

Après cette mésaventure, mon frère a caché ses échantillons dans un tiroir. Et moi, je vérifie toujours deux fois avant d'avaler une pilule.

Laurent Berthiaume

Le grand jour

Le dimanche de ma première communion, toute la famille avait été invitée à la maison. Vêtue de blanc, gantée, coiffée d'un voile empesé, j'étrennais aussi des souliers neufs. J'avais reçu en cadeau un crucifix phosphorescent, un missel et un chapelet en cristal de roche.

À table, les gens riaient et bavardaient. Des bouquets de lilas parfumaient la salle à manger. Assise droite et fière entre mes deux parents, j'exultais en attendant d'aller rejoindre mes frères et sœurs, cousins et cousines.

Aujourd'hui, mes cadeaux ont été égarés, plusieurs des miens sont disparus à jamais. Il me reste une photo en noir et blanc avec une date au verso.

Marie-Ginette Dagenais

La belle pompe

D'aussi loin que je me souvienne, nous avions chez nous un évier muni de robinets et un réservoir à eau chaude. Mais nos voisins, les chanceux, possédaient une merveille que je leur enviais : une pompe à bras. D'un rouge éclatant, elle s'imposait, solidement ancrée au comptoir de la cuisine. J'admirais la force des garçons qui en actionnaient le levier pour faire jaillir l'eau dans le bassin où ils se lavaient les mains à tour de rôle.

Je ne soupçonnais pas la corvée que cela représentait pour leur mère de chauffer l'eau sur le poêle pour le lavage de la vaisselle et des vêtements, ou pour leur toilette du samedi soir : ils étaient dix dans la maisonnée...

Thérèse Tousignant

L'Aide à la Sainte-Enfance

Deux fois par année, des missionnaires venaient nous visiter en classe et nous parler d'évangélisation dans les pays pauvres. Sensibilisation efficace. Dans les années cinquante, la Chine était à la mode.

Je trouvais les Chinois très courageux, malgré la misère et le dénuement qui étaient leur lot, selon ce qu'on nous racontait. Moyennant une somme de vingt-cinq sous, on choisissait la photo d'un enfant sur un tableau enluminé. Dès lors, on devenait son parrain ou sa marraine et, du même coup, en toute naïveté, responsable spirituellement de son avenir. J'avais décidé de faire une collection.

Après plusieurs quêtes fructueuses, un vendredi matin, ce fut la catastrophe : mon père me demanda d'avertir la maîtresse que c'était son dernier don. Il avait déjà six petits Chinois à faire vivre à la maison.

Marie Ginette Dagenais

Les tuyaux

Pour protéger la pelouse devant notre maison, mon oncle, ancien journalier à la *Canadian Tube*, avait fabriqué une clôture d'environ un pied de hauteur à l'aide de tuyaux assemblés et peints en noir.

Un jeu d'équilibre, recherché et accessible à tous, consistait à marcher dessus. Il fallait effectuer le parcours d'une dizaine de mètres sans tomber; on perdait des points si on mettait un pied par terre. Les enfants qui passaient devant chez moi pour se rendre à l'école en profitaient pour s'exercer. Le style variait: certains déposaient un pied devant l'autre sans se presser, d'autres couraient littéralement sur les tuyaux. Une semelle de chaussure antidérapante conférait un avantage certain. Des concours spontanés s'organisaient. Les plus petits quémandaient des passe-droits. Les champions détrônés exigeaient une revanche... Le gazon jaunissait au rythme de la fréquentation de notre clôture.

Si l'École nationale de cirque avait existé à l'époque, certains de mes amis auraient eu le talent pour y réussir.

Jeannine Lalonde

Le cheval Bidon

Tous les soirs, j'avais charge de placer à l'extérieur de notre porte d'entrée la pinte vide au goulot rond contenant quinze cents. Plus tard, ce fut seize cents. De bon matin, nous entendions le clapclap des sabots du cheval Bidon qui s'arrêtait de lui-même devant chez nous ; il reconnaissait la maison de tous les clients. Un agriculteur des confins du village nous livrait le lait frais à domicile. Un bon trois pouces de crème épaisse flottait sur le dessus de la pinte. Vers huit heures, c'était le tour du boulanger ; il descendait de son camion rutilant et venait cogner à notre porte pour offrir ses miches à onze cents et ses brioches dorées, savoureuses.

Le dimanche, aucune livraison. Je revoyais quand même Bidon, attaché sous un arbre près de notre clôture ; il attendait sagement le laitier tout le temps de la grand-messe à l'église voisine.

Jeannine Lalonde

La télévision de grand-mère

L'arrivée de la télévision dans les foyers a changé bien des coutumes. En vacances des Fêtes chez ma grand-mère, dans un rang de campagne, nous regardions ensemble les émissions du soir.

Dès la fin du chapelet en famille à la radio, l'aïeule prenait place devant le petit écran avec son frère Télesphore et tante Thérèse. Au début, tous suivaient les téléromans avec intérêt. Puis, à force de cogner des clous, vers les vingt et une heures, les trois s'endormaient sur leur chaise. À vingt-trois heures, aux premières notes de l'*Ô Canada,* nous les voyions sortir de leur torpeur en même temps, grand-mère fermait le téléviseur et ils allaient se coucher. L'habitude de s'endormir tôt et de se lever à l'aube perdurait dans leurs gènes.

Laurent Berthiaume

La tombola

Deux samedis soirs pendant l'été, toute la population du comté, gonflée des « gens des camps », se rendait à la grande tombola de Pointe-des-Cascades.

Les enfants économisaient pendant des semaines les sous nécessaires aux jeux de hasard. Les plus jeunes « allaient à la pêche » : des bénévoles attachaient une babiole au bout de lignes artisanales. On jouait aussi à la roue de fortune.

Au bingo, un type à la voix tonitruante appelait les numéros un à un. La fébrilité s'emparait de nous, on espérait tant crier bingo dans la grande salle paroissiale. Si on ne gagnait pas, on se contentait de boire un *Coke* ou de déguster des *Cracker Jack*. Plusieurs fois, je suis revenue à la maison les mains pleines : des linges à vaisselle, une cruche à eau, des chaises de jardin, une cafetière...

Jeannine Lalonde

Les puzzles

Les casse-têtes, les puzzles comme nous les appelions, étaient des jeux de famille. Quand ma grande sœur avait le goût d'en faire un, elle réquisitionnait tout le monde. Les jours de pluie, cela occupait l'après-midi de belle façon, au point qu'on en oubliait le souper. Étaler les pièces à l'endroit, assembler les contours, regrouper les couleurs et les formes... On apprenait très jeune les trucs du métier. Chacun entreprenait d'assembler son coin ou un élément de l'image. À tous coups, un malin découvrait la pièce manquante recherchée par son frère ou sa sœur, et c'était le plaisir de lui damer le pion. On terminait habituellement le casse-tête avant la fin de la journée, mais le défi pouvait durer une semaine. Chacun, à tour de rôle, trouvait un moment pour travailler à l'œuvre communautaire.

Quelle joie d'admirer le travail accompli, surtout quand, ô miracle! tous les morceaux se retrouvaient au rendez-vous... et quelle déception quand maman nous enjoignait de débarrasser la table.

Laurent Berthiaume

La berceuse de papa

Nous avions deux berceuses en rotin à la maison. L'une pour maman, et l'autre, plus large, pour papa, qui compensait sa petite taille par une certaine corpulence. Bien assis, il nous prenait sur ses genoux, mes deux petits frères et moi, et nous berçait en chantant les airs de sa jeunesse. Moments bien agréables, mais ce n'était pas gratuit. Avant de nous déposer par terre, il nous embrassait à tour de rôle sur les joues.

Un gros bec piquant, à cause de sa moustache qu'il taillait tous les matins.

Laurent Berthiaume

Le magasin général

Des panneaux publicitaires métalliques tapissaient les murs extérieurs du magasin général de notre village : cigarettes *Sweet Caporal*, thé *Salada*, farine *Five Roses*, etc. La porte, presque sortie de ses gonds, claquait à l'année longue. L'été, les pièges à mouches tirebouchonnaient au-dessus de nos têtes et les ventilateurs bourdonnaient sans relâche. Le lieu regorgeait de toutes sortes de nécessités : tissu à la verge, chapeaux, chaussures, claques, fil à broder, tabac à priser, steak de *sirloin* tranché sur commande, crème glacée *Melorol* et autres gâteries. Les ados juchés sur les frigos de boissons gazeuses s'interpellaient bruyamment en engloutissant des *Caravan* et de l'*Orange Crush*. Les aînés, affalés sur deux bancs le long d'un comptoir, devisaient en utilisant les crachoirs adjacents.

Entre les taquineries des deux groupes, nous, les petits, trouvions le chemin vers notre objectif : le présentoir de bonbons à la cenne. Un sou noir nous transportait au ciel de la lune de miel.

Jeannine Lalonde

Le premier emploi d'été

Tante Thérèse a payé mes études classiques pendant plusieurs années. La possibilité que je devienne prêtre l'encourageait à investir dans les œuvres du Seigneur. À l'été de mes quatorze ans, j'ai appris que la compagnie de téléphone Bell recrutait des jeunes pour distribuer ses bottins. L'emploi obtenu, dès le lundi suivant, je me suis retrouvé centre-ville à sept heures du matin, en compagnie de garçons de mon âge qui sacraient comme des charretiers et chantaient des chansons grivoises.

Pendant plusieurs semaines, on nous a transportés dans de gros camions et largués à différentes intersections, chacun avec un chariot rempli d'annuaires et une liste d'adresses. À midi, je m'assoyais sur le bord du trottoir pour manger mon lunch. Il m'est arrivé d'acheter une bière dans une épicerie. Le plus souvent, j'apportais un flacon de vin maison siphonné à même la dame-jeanne de mon père. Seul dans la métropole, je me sentais comme un grand.

Cette année-là, j'ai payé mes études classiques pour la première fois et oublié le projet de tante Thérèse.

Laurent Berthiaume

La petite maison dans la cour

Mes grands frères bâtissaient de grosses cabanes dans la cour. À ma mesure, je faisais de même. Au pied de la clôture, je construisais de minuscules maisons avec des bouts de branches et quelques feuilles de sureau. Un monticule de terre devenait une île tropicale plantée de palmiers-pissenlits. Et j'exerçais un métier : pêcheur. Sur un esquif en bois que je faisais glisser sur le sol, je partais en mer, au milieu de la cour, à la recherche de trésors. À défaut de poissons, j'attrapais de vieux clous enduits de goudron, résidus de la toiture de la maison, restaurée l'année précédente. J'en remplissais ma barque de fortune et les ramenais sur mon île imaginaire, à l'abri des pirates. J'avais aussi aménagé un coin pour le bois de chauffage, une toute petite corde de brindilles grosses comme des allumettes. L'après-midi passait par enchantement. J'avais cinq ans.

Encore aujourd'hui, à mon chalet, je collectionne les vieux clous et je récupère du bois mort pour le chauffage.

Laurent Berthiaume

Le premier bicycle

Je déposais mes sous à la banque. De petits montants qui, en s'ajoutant les uns aux autres, grossissaient mon pécule. Après des mois de patiente économie, je possédais près de seize dollars. Mon but: remettre en état le vieux CCM bleu trois vitesses que mon frère Gilles m'avait donné.

Et c'est ainsi qu'un samedi matin de printemps, le bicycle à mes côtés, je suis allé avec mon grand frère à la boutique de vélos de la rue Laurier. D'un œil expert, le propriétaire a proposé des ajustements aux roues, au système de vitesses, aux freins… et la pose de pneus neufs. Des suggestions qui me semblaient toutes judicieuses.

Je me suis retrouvé avec un compte bancaire à sec et un vélo fin prêt pour la nouvelle saison.

Laurent Berthiaume

Les petits gâteaux Stuart

On trouvait une fabrique de gâteaux et biscuits Stuart rue Laurier, angle Jeanne-Mance. J'avais déjà visité cet établissement avec ma classe, dont un élève était le fils du propriétaire.

Pour une clientèle avertie, une porte de côté donnait accès à une pièce minuscule. Là, s'entassaient des caisses de pâtisseries de toutes sortes. En échange de quelques sous, nous repartions avec des boîtes débordantes de tartelettes écrasées les unes sur les autres, de gâteaux à la crème agrégés, de roulés aux fraises en mille morceaux, de biscuits brisés : collations et desserts pour des semaines. Mes préférés : la tarte à l'érable et aux noix de Grenoble et les *May West*. Tout était frais et bon. Nous n'étions pas regardants sur la piètre apparence, compte tenu du prix.

Quand je pense à toute cette graisse dont mes artères gardent la trace aujourd'hui !

Laurent Berthiaume

Les devoirs à l'encre

En quatrième année, nous héritions d'un devoir à l'encre par semaine : dans un cahier au papier glacé, une page à copier sans ratures ni bavures. Si la petite plume métallique à deux cents était neuve, on la mouillait avec de la salive pour que l'encre y adhère, puis on la fixait au porte-plume. On la trempait délicatement dans un encrier, on écrivait quelques mots et on recommençait, en prenant bien garde d'épointer le fragile outil. Le transparent placé sous la feuille nous guidait pour l'inclinaison et la régularité de l'écriture. Pas le droit d'effacer ni de faire des pâtés. Le buvard servait à éponger le surplus encore humide. Écrire à l'encre tenait du grand art et prenait beaucoup de temps !

Un soir, au-dessus de ma page à peine terminée, j'ai voulu comprendre l'utilité de l'orifice qui servait de mini-réservoir sur la petite plume. J'ai soufflé doucement, pour voir. L'encre s'est répandue comme un feu d'artifice sur mon devoir. Désastre. Trop tard pour recommencer. Le lendemain, j'ai eu droit à une note de 0 % soulignée en rouge dans la marge.

Jeannine Lalonde

La guerre des concombres

Au sortir des bécosses réservées aux locataires des chalets d'été, je cours sous la tonnelle envahie par les « concombres grimpants[1] ». Je fais provision de boules vertes piquantes. Pif! Paf! Pof! Un fruit explose, puis un autre. Le jus blanchâtre rempli de graines éclabousse le petit voisin. Mauvais coup éclatant. Dégât gluant jouissif.

La guerre va durer toutes les vacances!

Jeannine Lalonde

---

1 *Echinocystis lobata* : plante grimpante ornementale, qu'on rencontre à l'état sauvage le long des rivières et dans les lieux vagues, et dont le fruit ressemble à un petit concombre.

Le mendiant

À deux ou trois reprises durant l'année, la tête du quêteux apparaissait à la porte, toujours au moment où l'on s'apprêtait à passer à table. Mon père l'invitait à entrer. Ma mère ajoutait alors un couvert pendant que l'étranger se lavait les mains. Vêtu de haillons, mal rasé, il répondait aux questions par un oui ou par un non, nullement intéressé à participer à la conversation. Avec une moue dédaigneuse, je le regardais de travers.

Aussitôt le repas terminé, l'homme reprenait la route. À la suite d'une de ses visites inopinées, mon père a prononcé à voix basse le mot « désolation ».

Marie-Ginette Dagenais

Le dentiste

J'allais chez le dentiste avec la peur et j'en revenais avec la douleur. Vêtu d'un sarrau blanc, penché sur moi, l'homme scrutait ma bouche grande ouverte. Il promenait un petit miroir sur mes gencives et martelait l'émail de mes dents. Les coups résonnaient dans ma tête.

Un jour, je l'ai entendu marmonner à mes parents : « Vous avez bien fait de l'amener. Une dent est cassée et une autre cariée ; je vais les lui extraire ». L'obturation n'était pas plus à la mode que la prévention. Le temps d'une piqûre bien sentie, et l'intervention était terminée. Je me suis rincé la bouche. En voyant le sang dans le lavabo, j'ai pensé que cela ne s'arrêterait jamais. Souffrante, la tête basse, je suis repartie sans saluer mon tortionnaire.

Je lui en veux encore aujourd'hui de m'avoir arraché deux molaires.

Marie-Ginette Dagenais

Les jeux du printemps

Le bolo était populaire, surtout au printemps. Un élastique reliait une palette de bois à une petite balle de caoutchouc. On frappait la balle à répétition en comptant les coups. L'élastique se brisait souvent, on devait y faire des nœuds ou le remplacer. Je ne prêtais pas mon bolo à n'importe qui.

Le yoyo a eu ses heures de gloire. Un animateur venait même nous enseigner des trucs devant l'épicerie du coin. J'ignore par qui il était payé. Je suscitais l'admiration de mes amis en faisant dormir mon yoyo...

La balle bleu-blanc-rouge s'enfilait bien dans une poche de blazer et nous servait à plusieurs jeux. Je me souviens surtout du « 10 », où il fallait faire rebondir la balle sur un mur qui présentait une encoche. L'attraper avant qu'elle ne touche terre valait dix points.

Le hula-hoop ? Jamais réussi à faire tournoyer ce cerceau sur mes hanches pendant plus de trois secondes. C'était sans doute prémonitoire de mon talent médiocre pour la danse.

Jeannine Lalonde

La chambre de mes parents

J'aimais entrer en catimini dans la chambre de mes parents lorsqu'ils s'absentaient. J'ouvrais doucement la porte et m'assoyais sur le fauteuil. Tout y était ordonné. À l'écart de l'activité bourdonnante de la maisonnée, je me promenais dans ce lieu paisible.

Des abat-jours de soie coiffaient les lampes en porcelaine de Chine, sur les tables de nuit. Un couvre-lit rose framboise recouvrait des draps soyeux. J'allais directement à la coiffeuse d'acajou. J'utilisais la brosse et le peigne en argent. Je humais l'odeur enivrante de la parfumeuse. Je me parais de bijoux. Une fois, j'ai brisé l'épingle d'une broche et j'ai voulu la dissimuler dans un tiroir. Sous des feuilles de papier de soie bleu royal, j'ai trouvé un carnet de cuir brun. J'ai reconnu l'écriture de ma mère : plein de mots d'amour. Bouche bée, j'en ai déduit qu'elle devait voir un amoureux secret.

Aujourd'hui, je tiens ce carnet entre mes mains. Maman écrivait des poèmes !

Marie-Ginette Dagenais

Le chausson

Ma mère faisait souvent des tartes aux pommes. Nous les adorions. Avec le reste de la pâte brisée, insuffisant pour rouler une abaisse, elle confectionnait un petit chausson rempli de cassonade surnommé « petit cochon ». Elle laissait une ouverture pour que le sirop de sucre brun déborde à la cuisson et, sitôt la pâtisserie sortie du four, elle s'empressait d'enrouler cette tire chaude autour d'un bâtonnet pour m'en façonner un suçon. Si on attend trop longtemps, elle devient cassante comme du verre.

Quand je fais des tartes, mes enfants et mes petits-enfants cherchent le petit cochon.

Jeannine Lalonde

La vie de mon oncle

Mon oncle s'appelait Vital et il aimait la vie. À cinquante-cinq ans, son médecin lui a annoncé : « Vu ta condition cardiaque, si tu veux vivre dix ans, tu dois arrêter de travailler. » Ce qu'il a fait sans délai.

Environ deux ans plus tard, ma tante et lui ont hérité d'une nièce de six ans devenue orpheline de mère : moi.

Mon oncle, retraité et un peu grand-père adoptif, était disponible, généreux, serviable. Il sifflotait du matin au soir. Tout le monde l'aimait.

Tel que prédit par le médecin, il a vécu exactement dix ans après avoir pris sa retraite. Il est mort le jour de ses soixante-cinq ans.

Trop tôt.

Jeannine Lalonde

La course de brouettes

À la campagne, on avait organisé une kermesse dans la cour d'école près de chez nous. La musique m'attirait et je suis allé faire un tour. On proposait différents jeux d'adresse aux visiteurs. Le seul auquel j'ai participé a été la course de brouettes. Il fallait transporter une fille jusqu'au fond de la cour et revenir au point de départ. J'affrontais cinq ou six concurrents dont plusieurs me dépassaient d'une tête, mais je disposais d'un atout important. La brouette dont je tenais fermement les brancards m'a paru très légère, comme si elle était vide. Pendant que la demoiselle s'agrippait aux deux montants latéraux, j'ai roulé à un train d'enfer jusqu'à la balise, que j'ai contournée serré, et suis revenu tout aussi vite, laissant mes concurrents pantois loin derrière moi. La fille, abasourdie, restait figée au fond du véhicule. J'ai gagné un vieux disque de musique rock.

Mon secret : mon père creusait une cave sous le chalet et je m'étais fait les bras tout l'été à transporter, avec mes frères, des centaines de brouettées de terre.

Laurent Berthiaume

La glissoire improvisée

La première neige recouvre lentement l'asphalte trempé de la cour de récréation. Il suffit d'un petit élan et nous glissons sur le terrain en pente. D'une glissade à l'autre, la piste s'allonge chaque fois en direction du fond de la cour. Tout le monde veut participer et chacun fait la queue. C'est à qui ira le plus loin d'un seul trait. À tous coups, nous battons des records.

Comme par hasard, le frère surveillant a la tête ailleurs. Nous en profitons jusqu'à ce qu'il vienne, une minute avant la cloche, nous demander d'arrêter... « Pour éviter les accidents », dit-il. N'eut été de sa fonction, je devine qu'il se serait volontiers élancé sur la glissoire improvisée, lui aussi.

Laurent Berthiaume

Le pain et le lait

Chez moi, comme on livrait le pain et le lait très tôt, papa avait aménagé une petite niche dans le mur du solarium, à l'arrière de la maison, avec une porte ouvrant sur l'extérieur. L'espace était juste suffisant pour quatre pintes de lait, et le laitier échangeait les bouteilles vides contre des pleines.

Pour le pain, maman inscrivait sa commande sur un tableau noir fixé sur la porte. Le boulanger n'avait qu'à déposer ses produits sur une tablette installée sous la corniche. Les fournisseurs notaient leurs ventes et venaient se faire payer à la fin du mois. J'entends encore les discussions entre ma mère et le livreur, lorsqu'il y avait une petite différence dans les comptes. Mais la confiance régnait.

Plus tard, nous avons acheté le lait au gallon pour économiser quelques sous. Nous recevions un deux-gallons les fins de semaine, et un trois-gallons lors des congés fériés. Maman avait toujours des recettes pour utiliser les surplus.

Laurent Berthiaume

Les bruits

À Pointe-des-Cascades, un grondement sourd servait d'écho à tous les autres bruits : le vacarme des rapides écumants du fleuve. Même quand on s'en éloignait, la rumeur persistait longtemps.

Quand il pleuvait, un crépitement s'imposait : le toc-toc lancinant de l'averse sur les auvents de tôle du solarium. Mon oncle en avait dessiné les festons en suivant le contour d'une boîte de conserve. Il avait découpé le métal avec minutie et peint des rayures bleu et blanc.

Je m'ennuyais de mes bruits amis si reposants quand je devais revenir en ville en septembre.

Jeannine Lalonde

Les tramways

J'habitais à l'ombre de l'église Saint-Viateur. Tout près de chez moi, la rue Laurier débouchait sur le chemin de la Côte-Sainte-Catherine. Feux de circulation, arrêts, pente ascendante vers le mont Royal... les tramways faisaient entendre leur grincement singulier sur les rails. Leurs cloches avertissant les automobilistes tintaient joyeusement.

Le jour, nous ne prêtions guère attention à ces bruits qui se perdaient dans le paysage sonore. Les soirs d'été, par contre, lorsque le sommeil tardait à venir et que les fenêtres grandes ouvertes laissaient la fraîcheur envahir la maison, cela devenait le *Concerto du tramway*. Sous le ciel nocturne, les sonorités métalliques vibraient dans nos têtes longtemps après le passage des véhicules... telle une berceuse nous entraînant au pays des songes.

Laurent Berthiaume

Le BCG

Périodiquement, il se passait un grand événement à l'école. L'infirmière annonçait la visite des représentants de l'Unité sanitaire qui feraient passer le test du BCG[1] à tous les enfants réunis dans la grande salle.

Le jour dit, nous devions porter des vêtements bien propres : on soulevait notre tunique bleu marine pour nous faire quelques égratignures dans le bas du dos. Penchées sur le dossier d'une chaise, des écolières grimaçaient de douleur pour effrayer celles qui attendaient leur tour. Quelques jours plus tard, fébriles, nous appréhendions le résultat. L'infirmière arrachait le diachylon et faisait une lecture de la réaction.

La tuberculose sévissait encore au Québec, à l'époque.

Jeannine Lalonde

---

1 Bacille de Calmette et Guérin

La famille Plouffe

Dans les années cinquante, nos mercredis soir étaient très occupés. À dix-neuf heures pile, à genoux dans la salle à manger, nous récitions le chapelet en famille avec le cardinal Léger. À vingt heures, toujours en famille, nous regardions *Les Plouffe* à la télé. Dans l'intervalle, il fallait se débarrasser de la corvée de la vaisselle. Au choix ou à la courte paille, l'un desservait la table, l'autre balayait la cuisine, un troisième lavait les plats. Tous les autres essuyaient et rangeaient couverts et chaudrons. Suite à de nombreuses négociations, le travail finissait par se dérouler dans l'harmonie.

Les devoirs et leçons réclamaient un temps précieux. J'en rapportais beaucoup du collège et m'en servais comme prétexte pour me sauver de la vaisselle. Sauf les mercredis où tout le monde regardait *La Famille Plouffe*. Les travaux scolaires pouvaient attendre.

Laurent Berthiaume

Le lavage

Le lundi, jour de lavage, le travail commençait tôt. Il fallait placer les immenses *boilers* sur le poêle à bois chauffé à blanc et ensuite transvider leur contenu bouillant dans la cuve de la machine à laver. On procédait alors aux différentes étapes de lavage, de rinçage et d'essorage. On devait passer chaque morceau au tordeur sans y laisser les doigts. On étendait les vêtements dehors sur des cordes à linge, ou dans la maison par mauvais temps. La dernière tâche, et non la moindre, consistait à nettoyer au *Brasso* l'extérieur de la cuve de cuivre.

L'empesage, le repassage et le pressage restaient des corvées réservées au mardi.

Jeannine Lalonde

Les missels

Le dimanche, nous apportions notre missel à l'église. Couverture blanche pour les filles, noire pour les garçons, doré ou rouge sur tranche. De fins rubans de soie servaient de signets. Véritable trésor que nous enrichissions encore en y insérant les images pieuses reçues en récompense pour un beau bulletin ou en cadeau d'anniversaire. Nous y suivions le déroulement de la messe : à gauche, en latin, à droite, en français. On trouvait aussi dans ce livre précieux les prières du matin, du midi et du soir, les mystères du rosaire, les actes de contrition, de foi, d'espérance, de charité...

Les adultes, eux, glissaient des cartes mortuaires entre les pages de leur livre de messe. Sous la photo de leurs proches décédés, imprimée sur du papier cartonné blanc encadré de noir, on retrouvait tous les renseignements d'un avis nécrologique : date de naissance, lieu et cause du décès, liens d'ascendance. Au verso, prières pour le repos de leur âme.

Thérèse Tousignant

L'anglais

Mon grand-père paternel avait été éclusier à l'emploi du canal Soulanges, de juridiction fédérale à l'époque. Comme les relations avec l'employeur se passaient en anglais, il recevait sa correspondance à *Cascades Point* et avait lui-même adopté certains mots de cette langue exotique.

Toute petite, j'avais la permission de traverser le village pour aller saluer grand-père chez lui. Il me faisait la conversation en prenant son *coffee*. À mon départ, il me donnait cinq cents pour m'acheter des *candies*. De retour à la maison, je disais à ma mère que je savais parler anglais.

Jeannine Lalonde

Le concours de mangerie

Tout petits, nous organisions des concours de mangerie, mes frères et moi. Tout ce que nous pouvions croquer, voire avaler, par défi ou par bravade ! À commencer par le sable du carré à jouer. Maman devait nous laver l'intérieur de la bouche avec une débarbouillette avant le dîner. Et, tôt ou tard, elle nous donnait des chocolats contre les vers. Pas méchants. Et efficaces... à condition de ne pas recommencer. Mais il n'y avait pas que le sable ou la terre. Nous goûtions aussi aux éclats de goudron à toiture que nous ramollissions avec notre salive, et aux petits morceaux de papier que nous avalions tout rond. Dans le domaine végétal, nous étions plus circonspects. Certaines graines étaient des valeurs sûres, car mes sœurs les avaient testées avant nous ; d'autres suscitaient notre méfiance.

Toutes les expériences valaient d'être tentées. La seule que je n'ai jamais appréciée : le gras de jambon. Mon père l'adorait. Un vrai mystère.

Laurent Berthiaume

La bénédiction paternelle

Chez nous, après le déjeuner du Jour de l'an, mon frère aîné demandait la bénédiction paternelle. C'était la tradition.

Agenouillés au milieu du salon, nous vivions un moment solennel. Mon père nous regardait tendrement l'un après l'autre et, d'une voix tremblante, disait: « Chers enfants, en ce début d'année, que Dieu vous bénisse et vous accorde la santé, le succès et le bonheur, au nom du Père, du Fils et du Saint-Esprit ».

Il retenait ses larmes. Et nous, conscients de l'amour qu'il nous vouait, émus à l'idée qu'un jour il pourrait ne plus être là, nous baissions les yeux.

Marie Ginette Dagenais

Table des matières